HEILIGE
FEUERSTÄTTE

BURNING LOVE

Zaghaft erkundete Deutschland das Grillen.
Während in den USA bereits saftige, gut marmorierte Steaks auf statussymbolhaften Grillgeräten bräunten, brutzelten hierzulande erste Bratwürstchen auf wackeligen Blechgestellen über direkter Glut. Aufmüpfig aufzüngelnde Flammen, entzündet durch herabtropfendes Fett, wurden hastig abgelöscht. Oh meine Güte, da verbrennt ja alles! Als Gipfel der Gourmandise galt dabei das Ablöschen mit Bier. Wow. War auch naheliegend, denn der Grillmeister, ein Kleingartenbesitzer oder Schrebergärtner, hatte sowieso eine Flasche dieses Gebräus in der Hand. Gutes Bier löscht Durst und Flammen. Andere Länder waren uns in punkto Grillen nicht nur in Sachen Gerätschaft und Kenntnis voraus, sondern auch hinsichtlich der Qualität ihres Grillguts. Gutes Rindfleisch beispielsweise war hierzulande so gut wie nicht zu erhalten. Das, was man in Metzgereien und Supermärkten erhalten konnte, war schlecht oder gar nicht abgehangen und vom Magerwahn der Käufer gekennzeichnet. Fett im Fleisch – igitt. Ist ungesund, muss man rausschneiden. Solches Fleisch konnte man schmoren, die zähen Steaklappen waren aber ungrillbar. Ähnliches traf auf Schweinefleisch und Geflügel zu. Immerhin konnte man das in roten oder gelblichen Tunken so lange marinieren, bis vom fragwürdigen Fleischgeschmack nichts mehr übrig war. Nackensteak à la Gewürzmischung. An das Thema, Gemüse oder andere „Beilagen" auf den Grill zu legen, verschwendete man keinen Gedanken. Der Kartoffelsalat war unabdingbar.

Erst mit Anbietern wie Otto Gourmet, Wegbereiter für gutes Fleisch, änderte sich das Angebot. Die Deutschen lernten, dass es neben dem säuerlichen argentinischen Rindfleisch, das man aus dem Steakhaus kannte, auch gut marmorierte US-Ware gab, und aus Spanien kam ein Schweinefleisch, das so gar nichts mit den weißen Koteletts der Masthybriden gemein hatte. Mit diesen Produkten fanden nun auch echte Gourmets Gefallen an dem Grillthema. Parallel dazu tauchten erste vernünftige Grillgeräte auf. Die kamen aus den USA. Ebenso wie der dazugehörige Lifestyle rund um eine schicke BBQ-Party. Die Grills waren kugelförmig und hatten einen Deckel. Der dient dazu den Regen abzuhalten – war die landläufige Meinung. Hardcore Grillfans organisierten sich in Grill-„Sport"-Vereinen und erkundeten neue Techniken. Jetzt landeten auch Gemüse, Seafood und Desserts auf dem Grill. Und natürlich wurde das neu erworbene Wissen in zahllosen Büchern zum Thema dokumentiert. Darunter ganz ordentliche Werke. Aber all diese Drucksachen sind eben „nur" die Dokumentationen eines Ist-Zustandes, erkunden nicht im Sinne einer echten Avantgarde die Zukunft dieses Themas. Was kann der Grill in der anspruchsvollen Küche leisten? Welche Möglichkeiten stecken in ihm? Dies erforschen wir in diesem Buch. In besonderem Maße möchte ich dem Küchenchef Nils Jorra von Otto Gourmet danken, der die Rezepte in diesem Buch entwickelt hat. Bewusstseinserweiternd für jeden Privatkoch, aber auch für die Gastronomie, die weitestgehend das große Potenzial des Grillens im anspruchsvollen Bereich noch nicht erkannt hat.
Was macht denn das Grillen so einzigartig? Was entfacht die brennende Liebe zum Grillen? Es ist zum einen der Vorgang selbst, das Feuer – eine Reduktions-Oxidations-Reaktion zwischen Sauerstoff, Brennstoff und Wärme – und natürlich das einzigartige Geschmacksbild. Die Maillard-Reaktion, deren Röstaromen gepaart mit Rauchnoten. Rauch, dieses einzigartige Aerosol. Ein Gemisch aus Glanzruß, Flugasche, Stäuben und Nebeltröpfchen aus Säuren und Ölen.

Viel Spaß mit diesem Buch
Thomas Ruhl

Hot Stuff, das Produktionsteam (von links nach rechts):
Felix Meyhoeffer – Redaktion, Otto Gourmet • Jasenko Handanovic – Grillmeister, Otto Gourmet • Thomas Ruhl – Herausgeber, Fotograf, Port Culinaire • Petra Gril – Art Direction, Port Culinaire • Wolfgang Otto – Autor, Otto Gourmet • Stephan Otto – Autor, Otto Gourmet • Nils Jorra – Küchenchef, Rezeptentwicklung, Otto Gourmet

INHALT

FASZINATION GRILLEN

Zieht sich das nasskalte Aprilwetter immer regelmäßiger noch bis in den Mai oder gar Juni, hält es niemanden mehr zu Hause, wenn die ersten warmen Sonnenstrahlen durch die Wolkendecke brechen und das Thermometer über 20 Grad klettert. Denn dann geben sich die meisten Menschen ihrer liebsten Freizeitbeschäftigung hin, dem Grillen. Egal, ob sie hierzulande im Schrebergarten sitzen, auf der grünen Wiese oder am Ufer von Seen und Flüssen, mit großem Hallo oder in aller Ruhe – das bedächtige Drehen von Würstchen, Steaks und Maiskolben geschieht dabei immer in größter Eintracht.

Echte Carnivoren hingegen legen auch dann ein Stück Fleisch auf den Grill, wenn eine Schlechtwetterfront naht oder die Landschaft von einem weißen Kleid bedeckt ist.

Doch egal, ob man nur bei schönem Wetter grillt oder das ganze Jahr über – das Garen von Fleisch, Fisch, Gemüse, Brot und sogar Obst mit Hilfe eines Feuers übt seit jeher auf alle Menschen eine ganz besondere Faszination aus. Was genau uns am Grillen so fesselt, ist schwer zu sagen. Sicher ist nur, dass wir den Geruch von gebratenem Fleisch über alles lieben. Wenn uns diese unglaublich leckeren Röstaromen in die Nase steigen, setzt unser Gehirn aus und wir vergessen für einen Moment alles andere. Sicher ist auch, dass wir am Ende das Grillgut in gemeinsamer Runde verzehren. Doch das ist nicht alles. Denn zu einem Grillevent gehört noch einiges mehr und wird an anderer Stelle näher beleuchtet. Auch an der Floskel „Andere Länder, andere Sitten" ist beim Thema Grillen mehr dran, als man denkt.

Ursprünge

Gemeinsam ums Lagerfeuer gerottet haben sich schon unsere Urväter in grauer Vorzeit. Allerdings geschah das weniger aus purem Vergnügen, vielmehr ging es ums nackte Überleben. Denn ein Feuer versprach schlicht und ergreifend alles, was das Herz damals begehrte: Wärme und Sicherheit, vor allen Dingen jedoch Nahrung. Dass gebratenes Fleisch deutlich besser schmeckte als rohes, wussten die ersten Menschen recht bald. Indirekt machten sie auch die Erfahrung, dass Fleisch einen anderen Geschmack bekommt, wenn es zwischen zwei Steine eingeklemmt wird, statt der Hitze direkt ausgesetzt zu sein.

Diese Zubereitungsart von meist fleischlichen Lebensmitteln hat sich bis heute bewährt. Doch im Gegensatz zu gestern garen wir heute auf einem rostfreien Edelstahlrost in adäquater Entfernung zur Glut bzw. den züngelnden Flammen. Laut eines bekannten Nachschlagewerks ist unter „Grillen" das Rösten von Fleisch, Fisch u. a. durch Unterhitze in trockener Luft zu verstehen. Wobei das Röstgut auf die vorgeheizten Stäbe eines Herdes oder Grills gelegt wird. Bei letzterem handele es sich meist um einen verstellbaren Gitterrost mit Tropfpfanne, der wiederum von einem stählernen Gehäuse umgebenen wird und mit Holzkohle, Gas, elektrisch oder Infrarotstrahlen geheizt wird.

Herkunft

Soweit die enzyklopädische Erklärung. Dennoch ist noch unklar, woher der Begriff rührt. Verschiedene Quellen behaupten Folgendes: „Grillen" kommt vom englischen „grill", dieses vom altfranzösischen „greil" oder „greile", welches sich wiederum vom lateinischen „cratis" bzw. der Verniedlichung „craticula" ableitet, was soviel wie Flechtwerk oder kleiner Rost bedeutet. Doch gibt es noch einen anderen Begriff, der auf besagten Grillrost hinweist. Als der spanische Historiker Gonzalo Fernández de Oviedo y Valdés vor knapp 500 Jahren die Naturgeschichte der Karibischen Inseln chronologisierte, lernte er bei den Ureinwohnern Haitis eine spezielle Zubereitungstechnik des Fleisches von erbeuteten Tieren kennen. Dieses wurde gut einen Meter über den Flammen eines Lagerfeuers auf einem Holzgitter mit Namen „buccan" gebraten. Daraus leitete sich später das auch heute noch gebräuchliche spanisch-mexikanische Barbacoa ab; im Englischen Barbecue.

GRILLEN

Grillen rund um die Welt

Grillen ist die urtümlichste Art der Essenszubereitung. Und jedes Land auf dieser Erde sieht das genauso. Die Italiener sagen Grigliata, ihre spanischen Nachbarn Parrillada, die Rumänen Gratar, die Türken Izgara yapmak, die Inder Tanduri, in Brasilien kennt man Grillen als Churrasco und Franzosen wie Amerikaner sagen Barbecue.

Wenden sich zumeist westliche und selbstredend aufgeklärte Nationen, wie z. B. die Deutschen, Niederländer und Franzosen, nur noch in ihrer Freizeit der ursprünglichen Essensbereitung am Grill zu, gibt es nach wie vor Kulturen, die bis dato alle ihre Mahlzeiten traditionell über bzw. mit offenem Feuer zubereiten. Dies auch, da Grillen universell ziemlich vielfältig ist. In Ermangelung eines ordinären Herdes, geschweige denn der notwendigen Mittel, nutzen zudem Großfamilien in einigen Ländern Afrikas und Südamerikas das Garen über offenem Feuer auch, um gleichzeitig viele Esser versorgen zu können.

Marokko

Aber bleiben wir in Afrika, explizit in Marokko, deren Küche als die beste im ganzen Orient gilt. Auf dem Platz „Djemaa el Fna" in Marokkos Hauptstadt Marrakesch reiht sich jeden Abend ein Grillstand neben den anderen und die Luft ist geschwängert von frisch gegrillten Bratspießen, den Brochettes. Gegrillt wird hauptsächlich Rind und Schaf, aber auch mal ein Schwertfisch sowie Tajine, Marokkos Nationalgericht. Mit der gleichnamigen Tajine, einer konischen zulaufende Kasserolle aus Ton, wird Fleisch, Geflügel, Fisch oder Gemüse klassisch über einem Holzkohlefeuer geschmort.

Südafrika

Weniger arabischen, denn mehr niederländischen Ursprungs sind die Grillgerichte der ehemaligen Kapkolonie Südafrikas gut 12.000 km weiter südlich von Marrakesch. Hier lassen sich Johannesburger und alle anderen Kapbewohner Boerewors (Bratwurst), Sosaties (Schaschlikspieße), Snook (Fisch) und das beliebte Käsesandwich Rooster Brood vom Braai schmecken, der entweder aus einem banalen Lagerfeuer besteht oder aber einem für diesen Zweck entfremdeten Ölfass. Gut betuchte Safaritouristen bekommen statt dem schnöden Trockenfleisch Biltong Steaks vom Vogel Strauß, Krokodil und Springbock, dem Nationaltier Südafrikas, zum Diner.

Argentinien

Was den Amerikanern ihre Cowboys, sind den Argentiniern ihre Gauchos. Mitte des 19. Jahrhunderts begannen sie in den Pampas u. a. mit der Rinderzucht. Auch heute noch ist Argentinien auf der ganzen Welt bekannt für sein Rindfleisch. Für die Zubereitung bedienten sich die Gauchos eines Holzkreuzes, das neben einem Lagerfeuer vertikal bzw. leicht geneigt in die Erde gesteckt wurde und ganze Tiere aufnehmen konnte. Diese wurden dann über Stunden indirekt gegrillt. Diese Art der Fleischzubereitung, das traditionelle Asado (span. Braten), gibt es noch heute und verlangt akribische Vorbereitung. Denn sonntags, wenn sich Familien und Freunde treffen, wird den ganzen Tag gegrillt.

Neben dem Grillen an Kreuzen, die mittlerweile aus Metall bestehen, wird auch direkt über der Glut gegrillt und zwar mithilfe des Parrillas, des Grills eben. Im Kleinformat hat jeder Argentinier einen Einbau-Parrilla in der heimischen Küche oder im großen Stil mit Satteldach auf der Terrasse stehen. Beide eint der schwere Rost aus Gusseisen, der an dicken Ketten hängt, um die Nähe zur Glut regulieren zu können. Dabei wird jeder Erwachsene mit 400–500 Gramm Rindfleisch bedacht, also doppelt so viel wie in Deutschland, wenn gegrillt wird.

Frankreich

Rühmen sich die Franzosen auf der ganzen Welt für ihre Haute cuisine, haben sie nach Ansicht einiger Köche aus den eigenen Reihen jedoch ein massives Problem mit der ursprünglichsten Zubereitungsart von Fleisch- und auch Fischgerichten: Bis vor ein paar Jahren ließen sie das Thema sogar bei der Kochausbildung unter den Tisch fallen. Das liegt u. a. vielleicht daran, dass die Franzosen dem Grillen keine große Bedeutung zuweisen, da sie erst verhältnismäßig spät begonnen haben, Rindfleisch per direkter Hitze zu braten, nachdem sie es Jahrhunderte lang ausschließlich kochten.

Mehr der arabischen, doch auch der französisch-mediterranen Küche zugeschrieben wird Méchoui, ein traditionelles Festtagsgericht, bei dem ganze Hammel und Lämmer mittels Drehspieß über Stunden ihrer Bestimmung entgegen garen. In der nordfranzösischen Region Pays de la Loire findet laut Guinness-Buch der Rekorde seit fast 45 Jahren das größte Méchoui Frankreichs statt, wobei jedes Mal an die 60 Lämmer gegrillt werden. Dass es noch größer geht, bewies 2007 Christian Falco, seines Zeichens

Yak-Spieße, Fastfood im Himalaya.

Küchenchef Mauro Taufer am historischen Holzkohlegrill in der Küche des Badrutt's Palace Hotels St. Moritz.

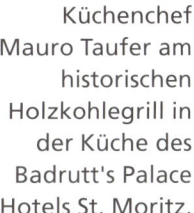

Straßengrill in Alaska.

Russischer Grill mit Holzkamin zur Glutentfachung.

Rotisseur. Der Franzose wollte ebenfalls mit einem Méchoui ins Guinness-Buch der Rekorde – und schaffte es auch. Denn Falco grillte während 15 Stunden ein 550 Kilogramm schweres Dromedar am Stück.

Besagter Spieß dreht im Übrigen auch in jeder Rotisserie Frankreichs gemächlich seine Runden, also in typisch französischen Metzgereien und Bistros. Wofür sich also schämen?

Zwar von den Marokkanern nach Frankreich gebracht, doch heiß geliebt ist Merguez, die pikante Bratwurst zumeist aus Lammfleisch. Doch egal, was in Frankreich auf den Grill kommt – wie z. B. der mit Lamm bestückte „andere" Grillspieß Brochette –, immer gehört ein guter Rotwein dazu. So wird beispielsweise in der Provence ein Côte de bœuf meist nur mit Knoblauch, Thymian und Rosmarin gewürzt und dazu ein Glas Chateauneuf-du-Pape gereicht.

Italien

Frankreichs italienische Nachbarn haben so gar nichts gegen das Grillen. Ganz im Gegenteil. Schon vor 1500 Jahren labten sich die Römer an Kuheuter, Sauzitzen und gefüllten Haselmäusen vom Holzkohlegrill. Neben allerlei Getier wie etwa dem marinierten Teufelshähnchen Pollo alla Diavola und dem Porceddu, einem am Spieß gerösteten Spanferkel, wird heute besonders gerne gegrilltes Bistecca Fiorentina gegessen, und zwar nur gegrilltes, wohlgemerkt. Das Corpus Delicti, ein gigantisches T-Bone-Steak vom toskanischen Chianina-Rind, ruht dabei auf erhobenem Posten, einem quadratischen Gestell auf mindestens zehn Zentimeter hohen Beinen, welches nach Gusto einfach über die Glut eines Eichenholzfeuers geschoben werden kann. Gewürzt wird ausschließlich mit Salz und feinstem nativen Olivenöl, mehr nicht. Ein Steak der Razza Chianina mit irgendeiner Sauce zu übergießen, wäre in den Augen der meisten Italiener ein Frevel.

Spanien

Steht ein Besuch beim „Spanier" an, können sich viele schon im Vorfeld nicht entscheiden, welche der kleinen Vorspeisen (Tapas) sie bestellen sollen. Ob diese beim Katalanen in Düsseldorfs Altstadt, in Berlins Szene-Kiez Prenzlauer Berg oder in Spanien selbst genossen werden, gegrillte Tapas wie etwa die maurischen Schweinefiletspießchen Pinchos Morunos oder die Tuben vom Calamar mit der nicht minder bekannten Knoblauchmayonnaise Aioli on top schmecken Deutschen wie Spaniern gleich gut. Genauso bekannt wie Tapas ist die Paella. Klassisch über einem offenen Feuer in einer meist riesigen Grillpfanne gegart, ist das safrangelbe Nationalgericht Valencias mehr als nur eine Reispfanne. Neben Paprikastreifen und Artischockenherzen enthält sie Fisch, Meeresfrüchte, Hühnchenstücke, zartes Kaninchenfleisch und manchmal auch kleine Schnecken.

Die Benutzung von Gas- und Stromgeräten in seiner Küche lehnt der spanische Einsternekoch Victor Arguinzoniz dagegen schon aus Prinzip ab, weil er seit frühester Kindheit nichts anderes als den Holzkohlegrill kennengelernt hat. Anfangs belächelt, beweist Arguinzoniz schon seit über 20 Jahren mit seinem „Vorstadt-

hausgrill", dem Restaurant Asador Etxebarri, 35 km südlich von Bilbao versteckt in einem Bergkessel, dass beim Thema Grillen weniger manchmal auch mehr sein kann. Hauptsache, die Kohle geht nicht aus. Daher verfeuert er jeden Monat vier Tonnen Steineiche, die rund um den baskischen Ort Axpe wächst, wo er sein Restaurant unterhält, um seine eigene Holzkohle herzustellen. Je nach Angebot stammt diese auch mal von Apfel-, Orange-, Oliven- oder Traubenhölzern.

Legen seine spanischen Kollegen nur Fleisch, Fisch und Gemüse auf den Grill oder alternativ die Plancha-Platte, die ziemlich nah an das japanische Teppanyaki-Grillen herankommt, gibt es fast nichts, was er noch nicht gegrillt hat, egal ob das Fleisch, Fisch, Gemüse, eine Suppe oder ein Dessert wie z. B. Eis ist. Zu seinen Klassikern zählt jedoch geräucherter Kaviar. Diesen drapiert er mittels Sieb über einer Glut aus Apfelholz. Zum Grillen von Angulas, Spaniens wertvollen Glasaalen, schnitt er die Böden von Bratpfannen aus und tauschte sie gegen ein hitzebeständiges Drahtgitter. Zum Grillen von Muscheln montierte er in einem großen Topf eine Art umgedrehten Trichter in den Boden, um sie eher zu räuchern. Dabei kommt jedem Gericht seine eigene Glut zugute, die in einem der insgesamt sechs selbstgebauten Edelstahlgrills glimmt, deren Roste millimetergenau angehoben oder abgesenkt werden können. Gewürzt wird nur mit groben Meersalz und wenig Öl. Geiz ist an dieser Stelle das falsche Wort. Diese Sparsamkeit begründet Arguinzoniz damit, dass sich der Esser nur so auf den ursprünglichen Geschmack des jeweiligen Lebensmittels konzentrieren könne.

Brasilien

Wenn die Menschen in Brasilien, dem bevölkerungsreichsten Staat Südamerikas, Fleisch grillen, ist die Rede von Churrasco, das ist Portugiesisch und bedeutet Barbecue. Allerdings unterscheidet sich ihr Barbecue insofern vom nordamerikanischen, als dass sie über direkter Hitze grillen. Auch bedienen sie sich dabei langer Fleischspieße, die mit vielen verschiedenen Fleischarten bestückt sind. Vom Rind kommen z. B. Picanha, Maminha, Costela, und Contra-Filé. Also, Tafelspitz (mit der dicken Fettschicht), das Bürgermeisterstück oder Tri Tip sowie Rippen und Filet bzw. Tenderloin. Aber auch Schweinefleisch, Hühnchen, Meeresfrüchte, ganze Ananas und Bratwürste wie Linguiça mit ordentlich Knoblauch werden auf die Spieße geschoben und per stromgetriebenen Rotisseriegrill langsam über dem Holzkohlefeuer gedreht. Statt das fertig gegrillte Fleisch von den Spießen zu streifen, werden diese von den Passadores (Kellner) an die Tische gebracht und das Fleisch scheibchenweise von den Spießen auf die Teller der Gäste geschnitten. Dieses Prozedere wird Rodízio genannt und wiederholt sich so oft, bis die Gäste satt sind. Der Preis bleibt der gleiche – egal, wie oft man zulangt.

Russland

Wenn ein Fünftel aller Russen am Wochenende raus aufs Land in ihre Datsche fährt, um der Enge ihrer Mehrparteien-Wohngemeinschaft, der Kommunalka, zu entfliehen, dann wird traditionell Schaschlyk zubereitet: Schweine-, Kalb- oder Lammfleischstücke vom Spieß. Diese sind jedoch nicht mit deutschem Imbiss-

Schaschlikbude in Kasachstan.

Asian Seafood – Beachparty.

Klassische französische
Rotisserie.

Fladenbrot am Strand von Zypern.

Chef Victor Arguinzoniz, Restaurant Etxebarri, Baskenland.
Hier wird ausschließlich gegrillt. Mit diesem Konzept schaffte es der Autodidakt in die
Liste der „50 Best Restaurants of the World".

buden-Schaschlik zu vergleichen. Beim russischen Schaschlyk (von krimtatarischen schisch für Bratspieß und schischlik für Spießchen) werden dicke Fleischstücke zuerst mit Paprika, Koriander, Senfkörnern und Oregano gewürzt, dann gut 60 Minuten stehen gelassen und anschließend für einige Stunden in einer Marinade aus Zwiebeln, Essig oder Wein und Wasser eingelegt. Dabei hat jede russische Familie ihr eigenes Rezept. Manche legen das Fleisch auch in Bier oder Kefir ein. Dann werden die triefenden Fleischstücke auf mindestens 40 Zentimeter lange Metallspieße geschoben und direkt über einer Glut aus Birkenholz gegrillt. Der Grill selbst ist entweder ein Provisorium aus Backsteinen oder ein Mangal genanntes Kohlebecken ohne Rost. Zwischen Kaliningrad und Kamtschatka steht Schaschlyk wegen seiner leichten Säuerlichkeit und der deftigen Würze bei den Russen hoch im Kurs.

Japan

Im Land der aufgehenden Sonne sind die Restaurant-Grills einen halben Meter lang, aber nur wenige Zentimeter schmal. Dafür eignen sie sich perfekt, um Yakiniku, kleine Fleischspieße, zu grillen. Für die breite Masse gibt es in Japan an jeder Ecke winzige Grillstuben, in denen man etliche Formen von Yakitori, gegrilltem Hühnchen an Mini-Spießchen, serviert bekommt, wie z. B. nur Haut ohne alles, Flügel, Schenkel, Leber und noch ungelegte Eier.

Gewürzt wird mit Meersalz oder einer dickflüssigen, süßsalzigen Grillsauce aus Sake, Soja und Zucker. Etwas betuchtere Kundschaft sucht andere Grill-Etablissements auf, z. B. die Robatayaki-Restaurants. Hier können die Gäste ihren Favoriten aus verschiedenen Fleischsorten im Rohzustand wählen. Von der Teppanyaki-Grillplatte bekommen sie Fisch, Meeresfrüchte und gebratenes Kobe- oder Matasusaka-Beef serviert, welches ähnlich teuer ist wie Kobe-Beef, aber noch marmorierter.

USA

Über 80 Prozent aller Amerikaner besitzen einen Kohle- oder Gasgrill – manche haben auch beides – und nutzen ihn regelmäßig, wenigstens einmal die Woche, sofern sie auf dem Land wohnen. Denn spätestens am Wochenende treffen sich Familien und Freunde zum Barbecue, dem amerikanischen Grillen. Allerdings wird hier noch einmal unterschieden, ob nur kleine Fleischstücke wie Hamburger und Steaks über direkter Hitze kurzgebraten werden oder größere Kaliber. Solche wie das Brisket, die Rinderbrust, oder der Boston Butt aus der Schweineschulter liegen dabei nicht direkt über der Glut eines Holzkohlegrills, sondern werden mit aromatisierter, heißer und trockener Luft, also indirekter Hitze, über einen längeren Zeitraum in einer Art Räucherofen gegart, dem Barbecue-Smoker.

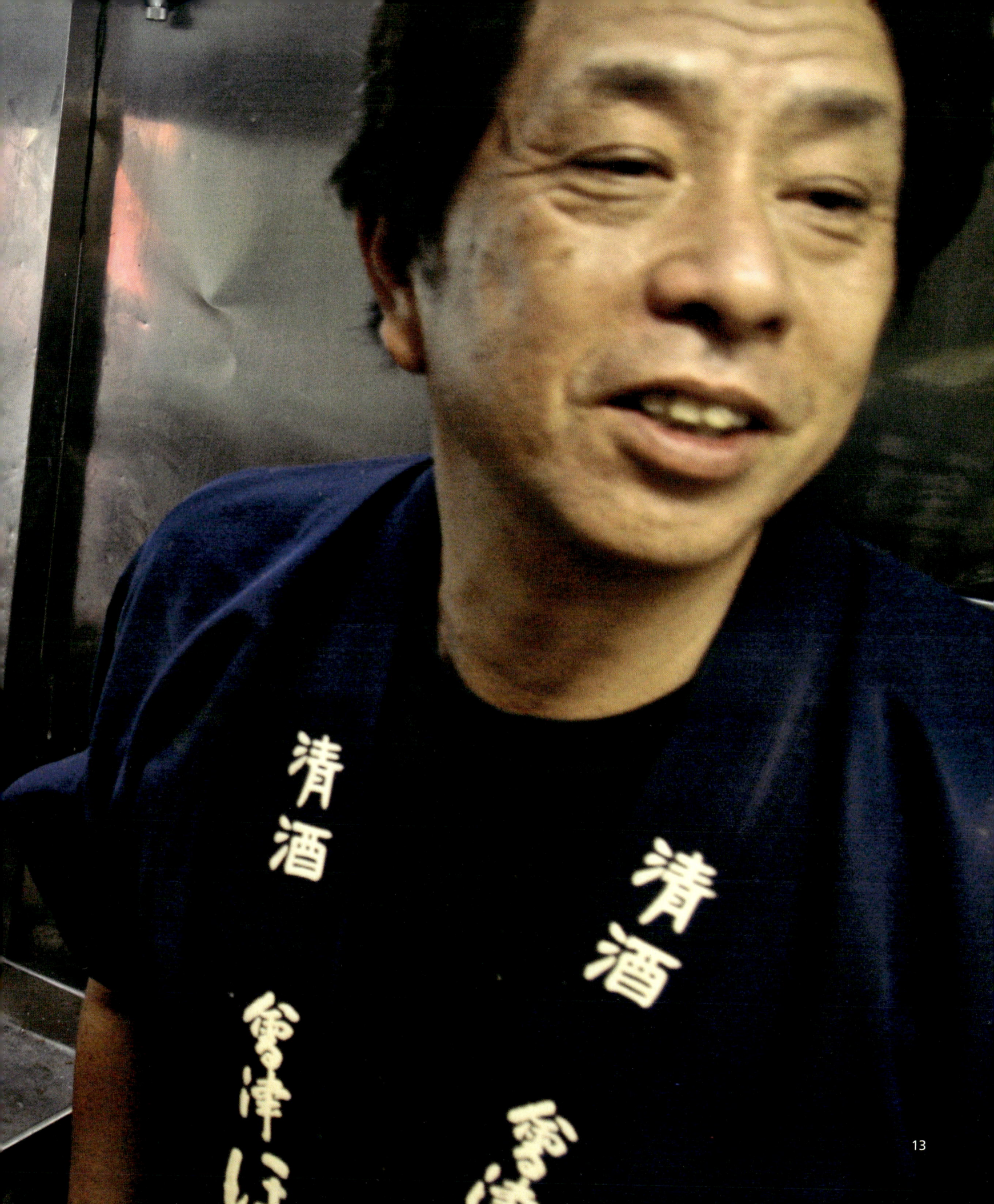

STEAKKULTUR USA

Kulturgüter

Dass die USA mit einer unglaublich reichen Grill- und Barbecue-kultur gesegnet sind, verwundert nicht, ist die „Neue Welt" in ihren Anfängen doch das Einwanderer-Eldorado schlechthin gewesen, wobei jede Nation ihren Teil zu dieser Entwicklung beigetragen hat. Alleine beim Thema Barbecue gibt es hier ganz unterschiedliche Ansichten, welches Gewürz oder welche Sauce sich perfekt für das jeweilige Grillgut eignet. Von diversen regelrechten Barbecueregionen der USA ragen einige ganz besonders hervor: Texas, Kansas City, Memphis sowie North und South Carolina.

Die „Carolinas" smoken überwiegend Schweinefleisch, wie z. B. den „Boston Butt", ein Schnitt aus der Schweineschulter, die so lange gegart wird, bis man den Knochen aus dem Fleisch einfach rausziehen und die Fleischfasern von der Schulter zupfen kann. Das nennt sich dann „Pulled Pork" und wird meist mit einer dünnen Sauce aus Essig, Pfeffer, Senf und Tomaten gegessen. Unter „Memphis Style" versteht man Pulled Pork serviert mit Cole Slaw (Krautsalat) und Maisbrot. Ganz anders Texas. Im „Beef Country" wird vornehmlich Brisket gesmokt, ein Schnitt aus der Rinderbrust, in Louisiana liebt man gesmoktes Hähnchen. Und das Kansas City Barbecue unterscheidet sich in erster Linie durch seine Saucen von den anderen, denn statt dünnflüssig und scharf sind sie dick, klebrig und süß.

Steakhauskultur

Grillen die Amerikaner privat eher Burger, bekommt man hervorragende Steak- und Grillgerichte auch in einem der unzähligen Steakrestaurants des Landes, was besonders die Menschen aus den Großstädten begrüßen. Denn in Ermangelung eines Balkons, einer Terrasse, geschweige denn eines Gartens, wo man hätte grillen können, bleibt ihnen nichts anderes übrig, als eines der hiesigen Steakhäuser aufzusuchen, wenn sie Appetit auf ein saftiges Steak verspüren oder sich an gegrillter Königskrabbe laben wollen. Einmal drin in einem dieser Etablissements, möchte man nicht so schnell wieder gehen, wenn man ein echter Carnivore ist.

Trotz reichlicher Beilagen und einer oftmals gigantischen Salatbar liegt der Fokus eines jeden Steakhausbesuchers nur auf dem Steak. Aus welchem Stück des Rindes dieses geschnitten wird, wie es innen drin aussieht und wie schwarz die Kruste werden darf, bestimmt jeder selber. Wird das Steak mit einem speziellen Steakhouse-Grill zubereitet, der locker auf Temperaturen von über 1000 °C kommt, kann man getrost davon ausgehen, dass die Fleischoberfläche derart scharf angebraten umgehend karamellisiert, während das Innere noch rot bleibt. Bei diesem Prozess (Maillard-Reaktion) wird unter Einwirkung von starker Hitze, Eiweiß und Zucker eine sehr große Menge von aromatischen Röststoffen freigesetzt.

Neben professionellem Küchenequipment garantieren natürlich auch erstklassige Rohstoffe den perfekten Steakgenuss. So bringen gehobene Steakhäuser in den USA nur Steaks Marke Prime auf den Teller, laut Bewertungssystem des United States Department of Agriculture (USDA) die höchste Qualitätsstufe von Steaks. Obwohl sich die nachfolgenden Steaks der Qualitätsstufe Choice beileibe nicht verstecken müssen, schwören Kenner auf die feine Fettmarmorierung von Prime Steaks, die entscheidend ist für den vollen Geschmack. Das Fleisch ist so zart, dass es eher gelöffelt werden kann als geschnitten, dann fast auf der Zunge zerfließt und ein buttrig-sahniges Aroma hinterlässt.

Alles geht im Land der unbegrenzten Möglichkeiten. Dank eines vergleichsweise hohen Anteils deutschstämmiger Einwanderer ist Bratwurst mit Brötchen und Senf eine ausgemachte Spezialität des Bundesstaates Wisconsin. In Alaska werden Steaks von Elch, Rentier oder Karibu favorisiert sowie das zarte, süßliche Fleisch der bis zu 10 Kilogramm schweren Königskrabbe. Und wer ein echter Gourmet ist, probiert auch mal Rocky-Mountain-Oysters, das sind gegrillte Stierhoden.

ELEKTRO, GAS

Elektro, Gas, Kohle – Vorteile und Nachteile

Die Geister scheiden sich, ob ein Steak besser schmeckt, wenn es vom Gasgrill, Elektrogrill oder lieber doch vom guten alten Kohlegrill kommt. Nur so viel: Egal, auf welches Gerät die Wahl fällt – der Geschmack des Grillguts bleibt der Gleiche. Auch gibt es keine Qualitätseinbußen. Einzig die Lagerfeuerromantik könnte auf der Strecke bleiben, grillt man mit Gas oder bedient sich eines Elektrogeräts. Allerdings sind sich Traditionalisten einig, dass der typische Grillgeschmack nur mit einem Kohlegrill erzielt werden könne – wobei es ihnen egal ist, dass das Vorglühen bis zu 30 Minuten und länger dauert. Andere hingegen favorisieren den Gasgrill, weil er schnell auf Temperatur kommt und diese auch besser zu regulieren ist. Sind jedoch viele Menschen geladen, stößt Holzkohle schnell an ihre Grenzen. Das ständige Nachlegen und Kontrollieren der Temperatur nur mit Augenmaß ist nichts für große Grillfeste.

Allzeit bereit

Der Markt bietet mittlerweile viele unterschiedliche Modelle in allen Preiskategorien an. Die meisten Gasgrills sind mit mindestens zwei Brennern ausgestattet, sodass man von direkter auf indirekte Hitze umschalten kann, indem man den jeweiligen Brenner einfach runterdreht oder ausschaltet. Allerdings ist das Grillgut bei direkter Hitze dieser nicht direkt ausgesetzt – die Gasflammen würden das Grillgut umgehend verbrennen. Stattdessen treffen die heißen Flammen auf Granit- oder Lavasteine bzw. ein ähnlich gut leitendes Material wie beispielsweise Winkelstäbe, die direkt unter dem Grillrost verlaufen und die Hitze sogleich an das Fleisch weitergeben. Beim Grillen mit indirekter Hitze (immer mit geschlossenem Deckel) sind nur die Brenner am Rand in Betrieb. Grillästhet hin oder her, auf sattes Raucharoma möchte kaum einer verzichten. Favorisiert man dennoch den Gasgrill, sollte man sich ein Gerät zulegen, das mit einer sogenannten Aromaschiene ausgestattet ist. Diese können sowohl mit speziellen, aromatisierten Flüssigkeiten gefüllt werden oder auch mit Bier, Wein und Kräutern, welche während des Garens verdampfen und auf das Grillgut übergehen.

Neben einem Grillrost sind viele Gasgeräte auch mit einer Grillplatte ausgestattet sowie einem zusätzlichen Seitenkocher, mit dem sich Beilagen oder Saucen zubereiten lassen. Durch die Ablage- und Arbeitsfläche auf der anderen Seite, die oft aus Granit besteht, sind Gasgrills mehr als nur ein Grill und können es problemlos mit ganzen Outdoorküchen aufnehmen, die sich eigentlich nur durch mehrere Grill- und Abstellflächen von einem beweglichen Gasgrillwagen unterscheiden. Dank Lenkrollen unter dem Gestell sind die meisten Gasgrills insofern beweglich, als dass sie nach dem Gebrauch zu ihrem Lagerplatz zurückgeschoben werden können, der sich im optimalen Falle auf der gleichen Ebene befindet. Denn das Gewicht der Eisenflaschen, die mit Flüssiggas gefüllt sind, sollte man nicht unterschätzen. Wichtig: Die Gasflaschen trocken lagern und nicht direkter Sonnenstrahlung oder Frost aussetzen.

Für drinnen und draußen

Der Elektrogrill hingegen ist der ideale Begleiter für Pragmatiker, weil er sogar in der Wohnung betrieben werden kann, allerdings würde die Lagerfeuerromantik damit komplett auf der Strecke bleiben. Daher ist der Elektrogrill die perfekte Balkonlösung, denn aufgrund von Rauchentwicklung und potenzieller Brandgefahr ist die Nutzung eines Holzkohlegrills auf dem Balkon verboten. Hochwertig oder nicht – die meisten Elektromodelle sehen optisch eher fad aus, dennoch haben mittlerweile fast alle einen Grillrost aus Gusseisen, der beim Grillen auch Röstaromen erzeugen kann und dem Steak das obligatorische Branding verpasst. Nach der Benutzung kann der Rost zum Zwecke der Reinigung in die Spülmaschine gesteckt werden, möchte man ihn nicht mit der Drahtbürste zerkratzen. Zusätzlich sind die meisten Elektrogrills mit einem im Deckel integrierten Hitzereflektor ausgestattet, der für eine gleichmäßige Wärmeabstrahlung sorgt. Schlussendlich ist das Grillen mit einem Elektrogerät gesünder, da keine krebserregenden Stoffe entstehen können, wenn Fett oder Bratensaft in die Glut tropft, wie es beim Holzkohlegrill durchaus vorkommen kann. Stattdessen landen Fetttropfen in der Wasserschale unter den Heizstäben und binden zeitgleich unangenehme Gerüche. Einen Haken hat der Elektrogrill dennoch: Er kann nur in der Nähe einer Steckdose betrieben werden.

Authentisch grillen

Trotzdem: Die Charakteristik eines richtigen Feuers erreicht weder ein Gas- noch ein Elektrogrill, sondern einzig und allein ein Kohlegrill – egal, ob mit Holzkohle gezündelt wird oder die Glut erst durch das Abbrennen von Holzscheiten entsteht, wobei das Knistern und Knacken selbiger den Reiz des Ganzen noch erhöht. Werden Röstaromen beim Grillen mit allen Grillgeräten erzeugt, bekommt man nach Ansicht zuvor genannter Traditionalisten echten Rauchgeschmack dagegen nur durch Grillen mit Holz (kohle) hin. Die Zeit, bis die Glut soweit ist, dass Steaks & Co auf den Rost gelegt werden können, wird an dieser Stelle gerne in Kauf genommen.

GRILL TECHNIKEN

Allerdings hat das Grillen mit Holzkohle auch einige Nachteile. Sollte man sich nicht im heimischen Garten befinden, sondern auf einer öffentlichen Wiese oder an einem Gewässer, ist guter Rat teuer, was denn nun mit der Glut bzw. der Asche geschieht. Grillt man zu Hause auf der Terrasse, sollte man sich im Klaren darüber sein, dass sich die Nachbarn durch Rauch- und Geruchsschwaden, die beim Grillen mit einem Holzkohlegrill entstehen können, unter Umständen belästigt fühlen. Möchte man andererseits so authentisch wie möglich ein Stück Fleisch genießen, wird man um den Holzkohlegrill nicht herumkommen.

Die Holzkohle wurde im Übrigen von den Steinzeitmenschen entdeckt. Neben den verschiedenen Möglichkeiten Fleisch mit der Hilfe von Feuer zu garen, stellten sie fest, dass verkohltes Holz nach erneutem Entzünden schneller und heißer brennt als anderes. Zudem eignete sich diese Holzkohle besser zum Transport, weil sie viel leichter und kleiner war als dicke Äste. Dass unsere Stammväter daneben herausfanden, dass man mit verkohlten Holzstücken auch wunderbar malen konnte, geschah wohl eher zufällig.

Grillmethoden

Der Großteil aller Grillbegeisterten bereitet sein Steak nur auf eine Art und Weise zu: auf dem Grillrost **direkt über glühenden Kohlen**. Die Glut kann dabei Temperaturen von bis zu 800 °C erreichen und müsste das „arme Würstchen" eigentlich direkt verbrennen, wenn aufmerksame Griller es nicht mehrmals wenden würden. Das ist allerdings überflüssig, wenn nicht sogar falsch. Denn ob der hohen Temperaturen, die im Grill herrschen, reicht es aus, das Fleisch nur einmal zu wenden, wenn es denn nicht dicker als 2 ½ Zentimeter ist, und es anschließend noch ein paar Minuten ruhen zu lassen, bevor man es anschneidet.

Bedient man sich dagegen eines Elektrogrills, kann im Grunde genommen nichts schiefgehen, da dieser eine Temperatur von maximal 300 °C erreicht. Dass es jedoch mehr Methoden als nur diese eine gibt, ist vielen Menschen gar nicht bewusst. Ebenfalls bemerkenswert ist, dass sich einige überhaupt nicht wundern, wenn z. B. die Hühnerbrust außen ganz verkohlt, innen jedoch noch fast roh ist. Spätestens an dieser Stelle sollte man sich die Frage stellen, ob es noch eine Alternative zum direkten Grillen gibt.

In aller Ruhe

Liegt das Grillgut nicht über der Glut, sondern 20 Zentimeter daneben (funktioniert nur, wenn nicht der ganze Kohlenrost mit Glut bedeckt ist, sondern nur zur Hälfte oder höchstens Zweidritteln) oder über einer mit Wasser gefüllten Schale für das runtertropfende Fett, wird es in Rauch und feuchtheißer Luft bei Temperaturen von 150–200 °C gegart, also nur **indirekt gegrillt**. Das Wasser sorgt zudem für eine konstante Hitze im Grill. Je nachdem wie voll die Schalen mit Glut gefüllt sind, erhält man zwei Bereiche für direkte starke, mittlere oder niedrige Hitze.

Beim Barbecue wird ebenfalls mit indirekter Hitze gearbeitet, denn Glut und Grillgut sind nicht nur weit voneinander entfernt, sondern befinden sich in unterschiedlichen Räumen. Für das indirekte Grillen mit einem normalen Grillgerät eignet sich am ehesten ein Grill mit Deckel, wie beispielsweise ein Kugelgrill. Denn unter der Glocke kann die nach oben steigende Hitze besser zirkulieren und das Fleisch gleichmäßig von allen Seiten garen, ähnlich wie in einem Backofen, der mit Umluft betrieben wird. Weiterer Vorteil beim indirekten Grillen ist, dass das Fleisch nicht umgedreht werden muss. Daher eignen sich große Bratenstücke, ganze Geflügel oder Fische hervorragend für diese Grillmethode, wofür mitunter jedoch einige Stunden eingeplant werden müssen.

Statt sein Fleisch nur direkt oder indirekt zu grillen, gibt es noch eine dritte Alternative, die sogenannte **Drei-Zonen-Glut**. Durch treppenförmiges Anhäufen der Glut im Grill bildet man verschiedene **Temperaturzonen**. So kann nichts anbrennen und man muss weder auf die eine noch die andere Methode verzichten. Dadurch lässt sich sogar die Hitze regulieren ohne Zuhilfenahme eines Thermostats. Der Bereich auf dem Rost, der den größten Abstand zur Glut hat, dient zum Warmhalten von bereits fertig Gegartem. Also, je größer der Abstand zur Glut, desto geringer ist die Hitze. Ist das Steak fertig, sollte es nicht ewig über der Warmhaltezone geparkt werden, da es sonst austrocknet und zäh wird. Bevor man das Fleisch anschneidet, sollte man es ruhen lassen, damit sich die Säfte im Fleisch besser verteilen können.

Die amerikanischen Ureinwohner haben vornehmlich Fisch, aber auch Fleisch und Gemüse auf Zedernholzbretter gebettet und sie zum Garen mit indirekter Hitze neben die Glut des Lagerfeuers gelegt. Durch die verqualmenden Inhaltsstoffe (meist der Rotzeder) bekam der Fisch, wie beispielsweise Wildlachs, eine würzige Note. Das **Plank Grilling** findet auch heute noch Verwendung, z. B. mit einem Kugelgrill. Dabei liegt ein bis zu drei Stunden zuvor gewässertes Zedernholzbrett (durch Zugabe von Wein, Whiskey oder Fruchtsäften kann das Aroma verändert werden) zwischen Grillrost und Grillgut. Wichtig ist, dass der Deckel die

DIREKTES UND INDIREKTES GRILLEN

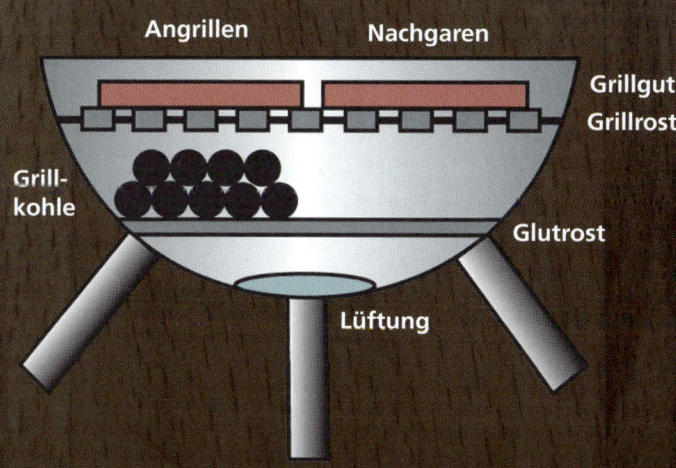

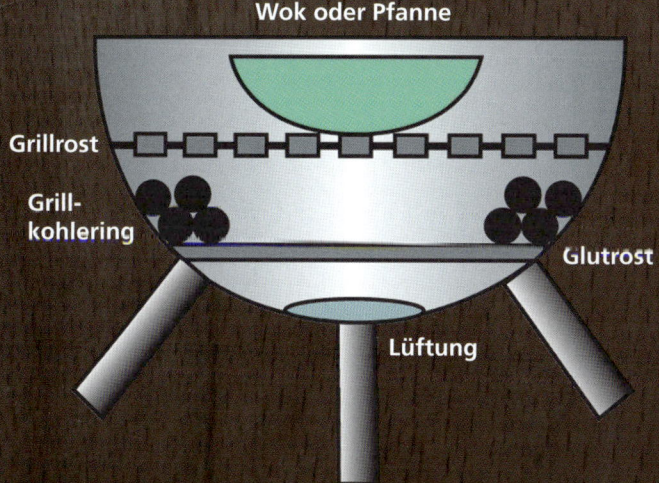

INDIREKTES GRILLEN

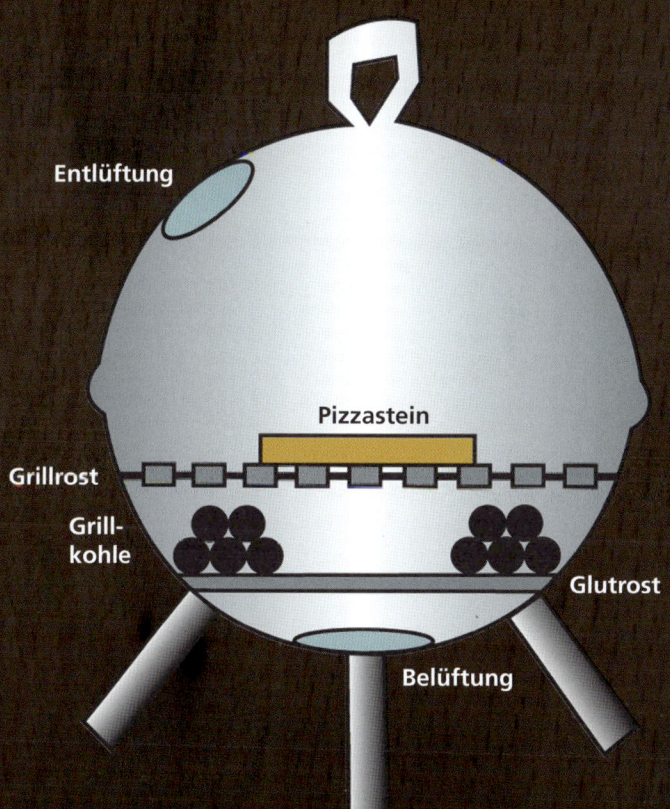

ganze Zeit geschlossen bleibt, da sonst wertvolle Wärme verloren geht und die Garzeit sich unnötig verlängert.

Beim sogenannten **Rückwärtsgaren** wird vakuumiertes Fleisch mittels Wasserbad (**Sous-vide-Garverfahren**) schonend auf die gewünschte Kerntemperatur des jeweiligen Stückes gebracht und erst anschließend durch scharfes Anbraten in der Pfanne oder auf dem Grill mit einer schönen braunen Kruste versehen. Dabei schwimmt das luftdicht versiegelte Stück Fleisch in einem mit Wasser gefüllten Thermalisierer, der die Wunschtemperatur über Stunden punktgenau hält.

Grillgeräte

Die Wahl des passenden Grillgeräts hängt von verschiedenen Faktoren ab, wie etwa der Garzeit des zu grillenden Stückes, der Zubereitungsmethode und nicht minder der Qualität. Möchte man nur Würstchen brutzeln, Koteletts oder etwa Lummerstücke, dann reicht in der Regel ein schlichter, mit Holzkohle befeuerter, **offen gehaltener Standgrill** aus, wie z. B. ein Säulengrill, Grillkamin oder auch Schwenkgrill. Hat sich eine feine, graue Ascheschicht auf der Kohle gebildet, ist der Grill startklar. Direkter Hitze ausgesetzt, kann das Grillgut dann nichts anderes, als in kürzester Zeit gar zu werden.

Durch den Überschuss an Sauerstoff lässt es sich allerdings kaum vermeiden, dass es immer wieder mal zu Flammenbildung kommt, wenn Fett vom Grillgut in die Glut tropft. Unvorhersehbarer Funkenflug ist ein weiteres Sicherheitsrisiko, mit dem man bei der Nutzung eines offenen Grills rechnen sollte. Auf die Probe gestellt werden allerdings Nachbarn, wenn sich der Rauch zu einer dichten, stinkenden Wolke entwickelt und – je nachdem, wie der Wind steht – zu ihnen ins Wohnzimmer zieht. No risk, no fun, denn authentischer Grillgenuss geht nur mit Rauch.

Wer stattdessen hochwertige Fleischstücke grillen, sich dabei aber nicht auf eine Grillmethode beschränken möchte, ist mit der Wahl eines **Kugelgrills** am besten aufgestellt. Denn mit der eierlegenden Wollmilchsau unter den Grills lassen sich sowohl kleine wie große Bratenstücke rösten, ganze Hühner oder ein halber Wildlachs, je nach Gusto per direkter oder indirekter Hitze zubereiten. Auch Räuchern, Backen von Pizza und Brot sowie Niedriggaren sind möglich. Obwohl eine elektrisch betriebene Variante des Kugelgrills angeboten wird, favorisieren die meisten Griller Modelle, die mit Briketts und Holzkohle laufen. Das, was den Kugelgrill ausmacht, ist jedoch der rund gewölbte Deckel, der im Idealfall aus emailliertem Stahlblech besteht und die Wärme perfekt um das Grillgut zirkulieren lässt.

Dabei sollte man darauf achten, dass die im Deckel eingelassenen Lüftungsschlitze geöffnet bleiben und die Temperatur im Grill nur über den Lüftungsschieber reguliert wird, der sich unter dem Gerät befindet, also genau auf der anderen Seite der Kugel, die in Wahrheit nicht ganz rund ist. Auch wenn das Prinzip simpel klingt, dauert es eine Weile, bis man den Dreh raus hat. Nur so viel: Je mehr Luft der untere Schieber durchlässt (und die oberen Lüftungsschlitze geöffnet sind), umso schneller werden die Koh-

len erhitzt und die Hitze im Grill stärker. Anhand des Kohlevolumens kann man die Temperatur ebenfalls beeinflussen. Je mehr Kohle, desto stärker die Hitze. Wird einem das Ganze zu heiß, schließt man einfach beide Lüftungsschieber, damit die Glut erstickt. Hat man einmal Lunte gerochen, möchte man den Kugelgrill nicht mehr missen, sofern er von hervorragender Qualität ist.

Schön einen smoken

Möchte man nun größere Stücke Fleisch grillen, muss man sich mehr Zeit nehmen und vor allen Dingen das richtige Gerät haben, wie einen Barbecue-**Smoker**. Dieser funktioniert im Grunde genommen ähnlich einem Räucherofen. Dabei strömt trockene Hitze gleichmäßig um das Gargut herum oder über ein durchgängiges Luftzugsystem daran vorbei, je nachdem, welcher Smoker zum Einsatz kommt. Sie bestehen aus einem, zwei oder drei Stahlrohren, die mehrere Millimeter dick sind, mindestens einen Meter lang und einen Durchmesser zwischen 40 und 60 Zentimetern haben. Das Aufbauprinzip ist immer das gleiche, in der Optik ähneln sich nur die Modelle vom Band. Smoker der Marke Eigenbau können auch schon mal wie eine Rakete, Zigarre oder Lokomotive aussehen.

Die Norm sieht allerdings folgenden Aufbau vor: Rechts, seitlich versetzt von der zylindrischen Garkammer, befindet sich eine Feuerbox mit Lüftungsschlitzen, in der Holzscheite oder Holzkohle verbrannt wird. Über einen Durchlass gelangt der 90–130 °C warme Rauch in die angrenzende, mit einem Deckel zu schließende Garkammer und wabert über mehrere Stunden um das auf dem großzügigen Grillrost liegende Stück Fleisch, ohne dass es gewendet werden muss. Dies kann z. B. ein Spanferkel oder eine Rinderbrust sein, dessen hoher Fett- und Bindegewebsanteil durch das Smoken wunderbar zart und bekömmlich wird.

Über den Kaminschlot am linken Ende der Garkammer zieht Rauch und Wärme nach oben ab. Mittels Regulierung der Lüftungsklappe am Kamin bzw. der Schlitze an der Side-Fire-Box genannten Feuerbox lässt sich die Menge von Hitze und Rauch bestimmen, die in die Garkammer dringt. Beim Reverseflow (Smoker) zieht die Luft – und damit der Rauch – einmal um das Gargut herum, fließt quasi zurück und verlässt den Pit (Garkammer) über einen zusätzlichen Kamin rechts am Pit neben der Feuerbox. Das Kaminrohr beim Reversesmoker ist austauschbar und kann für den „reverseflow" (rückfließende Luft) hinten aufgesteckt werden oder für den „normalen" Barrelsmoker vorne.

Durch Einsatz verschiedener gewässerter, nicht harzender Hartholzstücke (Woodchunks) von Eiche, Hickory oder Apfel in der Glut lässt sich der Geschmack des Fleisches entscheidend beeinflussen. Ebenso durch intensives Würzen des Fleisches vor dem Smoken sowie Moppen (Pinseln) desselbigen mit dickflüssigen Marinaden kurz vor Ende der Garzeit. Einmal unter Dampf gesetzt reicht es aus, wenn man alle 30 Minuten den Stand der Dinge kontrolliert. Am besten bedient man sich dabei eines mit einem längeren Kabel ausgestatteten Kerntemperaturmessgerätes, das die Hitze im Smoker unbeschadet übersteht.

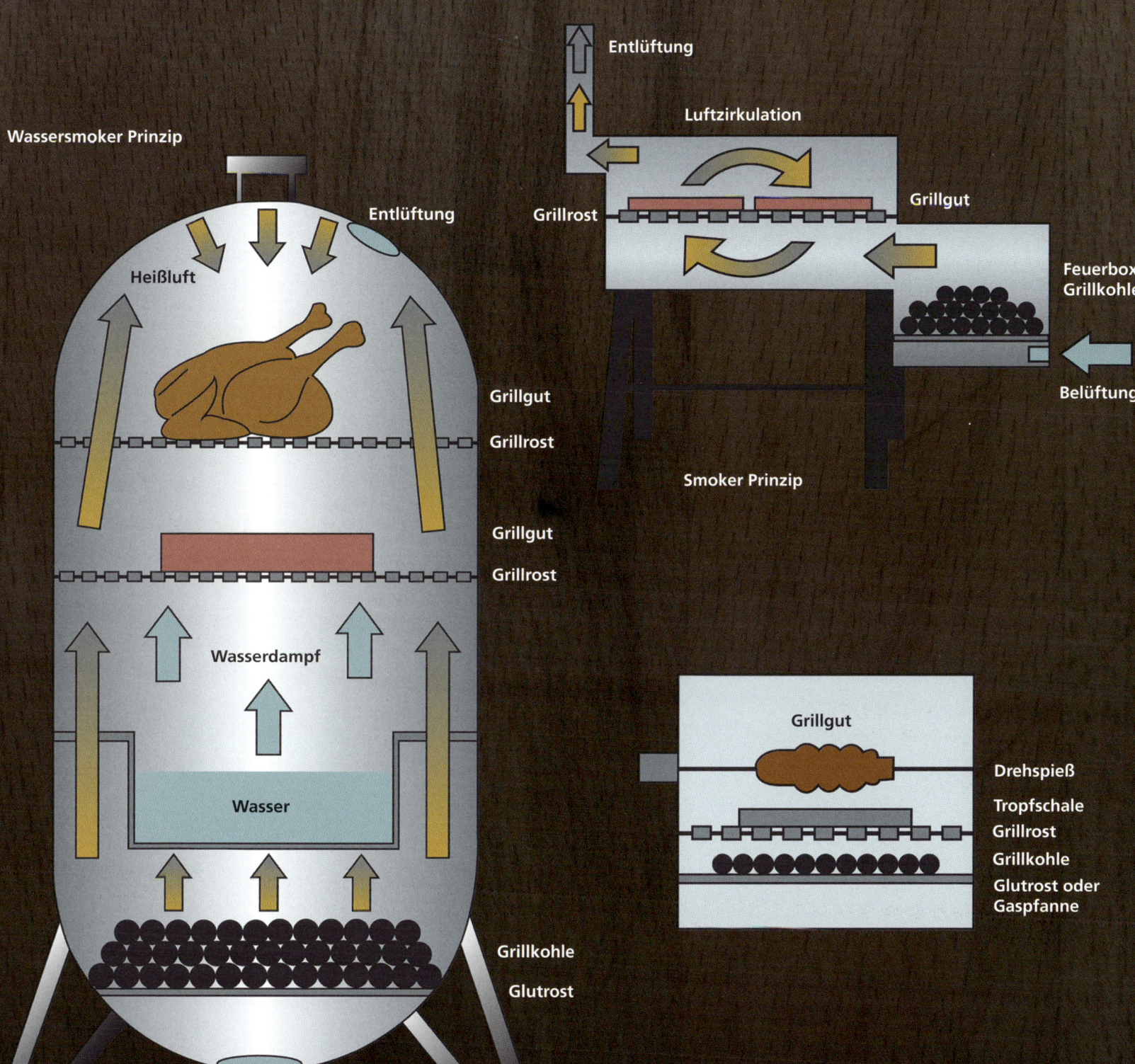

Wassersmoker Prinzip

Entlüftung

Heißluft

Grillgut

Grillrost

Grillgut

Grillrost

Wasserdampf

Wasser

Grillkohle

Glutrost

Belüftung

Entlüftung

Luftzirkulation

Grillrost

Grillgut

Feuerbox
Grillkohle

Belüftung

Smoker Prinzip

Grillgut

Drehspieß

Tropfschale

Grillrost

Grillkohle

Glutrost oder
Gaspfanne

Beim **Wassersmoker** hingegen liegt das Fleisch wie beim „normalen" Smoker auf einem Grillrost über dem Rauch, doch wird das Fleisch mit heißem Wasserdampf gegart, denn zwischen Glut (inklusive Woodchunks) und Rost befindet sich ein Behälter mit Wasser.

Der **Pelletsmoker** ähnelt einem Gas-, Elektro- sowie einem Holzkohlegrill, hat dabei aber eine bessere Ökobilanz, weil zum automatischen Befeuern des Smokers umweltfreundliche Holzpellets aus Sägespänen, z. B. von Kirschholz, Mesquite oder Hickory, genutzt werden. Die über einen Trichter in die Feuerkammer geschütteten Pellets werden mittels Förderschnecke in die Feuerkammer transportiert und dort über einen elektrisch aktivierten Heizstab entzündet. Nach gut 15 Minuten ist der Pellet-smoker einsatzbereit. Der permanent laufende Lüfter gibt der Glut ständig Sauerstoff und hält sie somit am Leben. Per Drehschalter kann man den Pelletsmoker auf verschiedene Heizstufen bringen: die Grillfunktion ist die höchste, steht die Schalterposition mittig, werden die Speisen langsam gegart, und steht der Schalter in Start- oder Smokeposition, räuchern die Speisen in einem gleichmäßigen Rauch, ohne dass man sich um das Feuer kümmern muss. Denn einmal aufgefüllt, brennt der Pelletsmoker bis zu acht Stunden. Die Temperaturen steigen dabei auf maximal 200 °C.

Vom Funktionsprinzip her ist der japanische Keramikofen **Kamado** sowohl Smoker als auch Ofen und Grill. Frei übersetzt bedeutet Kamado Feuerstelle oder ganz simpel Ofen. Denn mit Keramik bzw. Tontöpfen wird schon seit Tausenden von Jahren gekocht, auch Backöfen bestanden früher aus Keramik, da dieses Material äußerst hitzebeständig ist und Temperaturen von bis zu 400 °C möglich sind. Die gleichmäßige Wärmeverteilung sowie Speicherung der Feuchtigkeit und der geringe Kohleverbrauch bei konstanter Temperatur über viele Stunden prädestinieren den Kamado zum Smoker schlechthin, der neben Grillen auch Pizza backen kann – wenn man das notwendige Zubehör in petto hat.

Alternative Grills

In unseren Breitengraden gehört das Grillen mit Kohle bzw. Holz zu unserer liebsten Freizeitbeschäftigung. In anderen Teilen dieser Welt wird allerdings jeden Tag mit Holz gekocht, wie beispielsweise in Nigeria. Schätzungen der Vereinten Nationen zufolge kochen 55 Prozent aller Haushalte in der Subsahara über offenem Feuer. Durch das tagtägliche Einatmen des Rauchs werden die Menschen jedoch krank und viele sterben an Lungenleiden, weil sie auch im Inneren ihrer Behausungen Kochfeuer entzünden, wo der Rauch in Ermangelung eines professionellen Kamins nur schwer abziehen kann.

Aus diesem Grund und um die Abholzung ein wenig einzudämmen, haben Studenten des Bostoner MIT (Massachusetts Institute of Technology) einen Grill entwickelt, der ganz ohne Kohle oder Holz auskommt, stattdessen nur mit **Solarenergie** funktioniert. Die Technik dahinter: Durch Sonnenstrahlen, die mittels Speziallinse in wenigen Stunden gesammelt wurden, füttert geschmolzenes Lithiumnitrat einen Solarspeicher, der Kochzeiten bis zu 25 Stunden bei Temperaturen von über 230 °C ermöglicht.

Es gibt auch Grills, die weniger aus gesundheitlichen, denn mehr aus praktischen Gründen entwickelt wurden. Eines dieser Modelle kann angefasst und umgesetzt werden, während in der **innen liegenden Brennkammer** Temperaturen von bis zu 300 °C herrschen. Diese rühren von einem Ring aus Holzkohlebriketts, der wiederum von einer Drahthülle umgeben ist, die Blöcke aus hitzebeständigem Silikon enthält. Die anliegende Edelstahlwand des Grills bleibt daher von außen kalt, auch wenn er auf vollen Touren läuft. So kann der transportable Grill problemlos angefasst und umgesetzt werden – egal, ob man sich dabei gerade auf hoher See befindet oder vor plötzlich einsetzendem Regen in Deckung gehen muss.

Blick in den **Tandoori-Ofen** von Olaf Niemeier

OUTDOOR

Outdoor-Küchen

Stellt einen der Verzicht auf eine voll ausgestattete Küche vor größere Probleme, will man aber das Freiluftfeeling nicht völlig missen, könnte man sich auch eine Outdoor-Küche mit allem Komfort auf die Terrasse setzen. Allerdings sollte sich diese in das Bild der jeweiligen Terrasse oder des Gartens harmonisch einfügen. Am besten lässt man sich eine Koch- und Grillstelle mit diversen Stau- und Arbeitsflächen von Fachleuten professionell mauern bzw. zimmern. Verschiedene Hersteller bieten zudem spezielle, wetterfeste Einbau-Gasbrenner an, die in gemauerten Unterbauten eingesetzt werden. Im optimalen Fall plant man eine Befestigung für größere Grillspieße ein, um beispielsweise ein Spanferkel zu grillen. Für Elektrogeräte, etwa ein Kühlschrank, sollten ebenfalls Mauern hochgezogen werden.

Fließendes Wasser erhält man in seiner Outdoor-Küche über den Gartenschlauch, der mit handelsüblichen Stecksystemen an die Spüle angeschlossen werden kann. Wasserdicht und gegen Verwitterungen jeder Art sollte die Zweitküche natürlich auch gefeit sein, also aus Materialien wie Edelstahl, Teakholz und Granit für die Arbeitsbereiche bestehen. Möchte man Geld sparen, mauert man selber und bestückt seine Outdoor-Küche schrittweise. Für den Anfang tut es jedoch auch ein anständiger Gasgrill mit Zusatzplatte auf der einen und Arbeitsfläche auf der anderen Seite, möchte man sich nicht in zu große Unkosten stürzen.

Eine Outdoor-Küche im weitesten Sinne ist auch der gute, alte **Holzbackofen**. Rein optisch von einem Märchenhauch umweht, können Sie mehr als nur Brot backen. Auch kochen, grillen, schmoren und räuchern kann man mit dem Holzbackofen, dessen milde Strahlungshitze besonders kräftige Röst- und Geschmacksstoffe freisetzt. Das Internet ist voll mit Bauanleitungen für den Eigenbau, fertige Module bietet jedoch auch nahezu jeder Kaminbauer an.

Wintergrillen

Haben die ersten Menschen quasi von morgens bis abends gegrillt, wird das Grillvergnügen heutzutage landläufig als reine Sommerveranstaltung betrachtet. Doch nicht alle sehen das so. Nahezu jeder zweite Amerikaner und immerhin jeder vierte Deutsche möchte auch bei klirrender Kälte nicht auf eine warme Mahlzeit vom Grill verzichten. Wieso auch nicht? Gerade wenn es draußen kalt ist und womöglich noch Schnee liegt, schmeckt ein Steak oder Würstchen doch gleich um Längen besser, auch wärmt die Mahlzeit den Körper von innen. An dieser Stelle bietet es sich geradezu perfekt an, Glühwein oder eine stilechte Feuerzangenbowle aufzusetzen – natürlich auf dem Grillrost und nicht auf einem Rechaud oder dem Herd in der Küche.

Doch auch wenn der Grill reichlich Wärme abstrahlt, vorausgesetzt man zündelt mit Holzkohle, Briketts oder Holz, sollte man zum Eisgrillen die richtige Kleidung tragen: dicke Jacke, warme Schuhe an Händen und Füßen sowie Schal und eine wärmende Kopfbedeckung. Das Lagerfeuer mit Feuerkorb oder Feuerschale ist nicht nur obligat, sondern verpflichtend, möchte man es sich richtig gemütlich machen; alternativ stellt man einen Heizstrahler auf. Damit einem wegen der steifen Brise nicht die Kerzen ausgehen und man plötzlich im Dunkeln steht, greift man am besten auf sogenannte Schwedenfeuer zurück.

Motten die Sonnenanbeter ihren Grill also bis zum nächsten Frühjahr ein, starten die Gourmets unter den Grillern hoch motiviert in die Wintersaison. Neben warmer Kleidung sollten noch weitere Punkte beachtet werden. Ganz wichtig ist, dass man genügend Brennmaterial gebunkert hat. Also, mit dem noch offiziellen Ende der Grillsaison lieber ein paar Beutel Grillkohle mehr in den Wagen geladen, als später nach Alternativen suchen zu müssen. Auch sollte man sich deshalb schon gut mit Brennmaterial eindecken, weil der Temperaturverlust im Grill bei Minusgraden höher ist als in der warmen Jahreszeit. Auch strahlen die Grills mehr Wärme ab und es geht mehr Hitze verloren, wenn man zwischendurch den Deckel hebt. Kommt ein Gasgrill zum Einsatz, sollte man eine warme Gasflasche in Reserve haben, falls die andere einfriert.

Bedeutet das Grillen im Winter sicherlich eine schöne Abwechslung zum normalen Essen, eignet sich ein langwieriges Barbecue jedoch weniger für die kalte Jahreszeit. Daher kommen am besten nur Stücke zum Kurzbraten über direkter Hitze auf den Rost, wie Würstchen, (kleine) Steaks und Fisch sowie Folienkartoffeln und sogar Eintöpfe. Für letztere ist der Dutchoven geradezu prädestiniert, denn Grillen bedeutet im weitesten Sinne nicht nur Braten bzw. Garen auf einem Rost über der Flamme, sondern vielmehr das Erhitzen von Lebensmitteln mittels Feuerquelle. Allerdings sollte der Eintopf in der Küche vorbereitet werden. Zum Fertiggaren stellt man den Dutchoven einfach auf den Rost oder direkt in die Glut.

Traditionelle Steppenküche der Nomaden in Kasachstan.

TIPPS UND TRICKS

Anzünden

Holz, Kohle und Briketts benötigen immer eine gewisse Zeit, bis sie einsatzbereit sind. Dafür muss man sie über einen längeren Zeitraum erhitzen und auch darauf achten, dass sie genügend Sauerstoff bekommen, sonst ersticken die Flammen. Zum Grillanfeuern hat sich am besten der Anzündkamin bewährt. Diesen mit Holzkohle oder Briketts bis zum Rand füllen. Dann zwei bis drei Anzündwürfel auf den Grillrost legen, entzünden und den Anzündkamin über die brennenden Würfel stellen. Durch den Kamineffekt brennt die Kohle recht schnell, daher sollte sie nach rund 20 Minuten durchgeglüht sein.

Die heiße Glut dann vorsichtig in den Grill schütten, vorher nicht vergessen, den Rost abzunehmen. Obwohl die meisten Anzündkamine am Griff mit einem Hitzeschild ausgerüstet sind, ist das Tragen von hitzefesten Handschuhen (Schweißerhandschuhe aus dem Fachhandel oder Baumarkt) deshalb schon Pflicht, weil alleine die Strahlungshitze am Grill nicht zu unterschätzen ist. Das Starten eines Gasgrills erfolgt über einen Zündungsknopf und geht zügig vonstatten, daher ist die Vorheizzeit auf ein Minimum reduziert. Bei Nutzung eines Elektrogerätes kann ebenfalls nach kurzer Zeit mit dem Grillen gestartet werden.

Zusatzausrüstung

Mit den Basics ist man für einen spontanen Grillabend bestens gerüstet. Möchte man seinen Grillhorizont jedoch erweitern und mehr als Würstchen und Steaks auflegen, ist man gut beraten sein Grillequipment um einige Accessoires zu erweitern. Für Brot, Crêpes und Pizza perfekt geeignet ist der Pizzastein aus Keramik, Schamottstein oder Gusseisen, der direkt auf dem Rost platziert bzw. in ein spezielles Barbecuesystem eingesetzt wird. Für diese Systeme gibt es sogar Wokpfannen und Geflügelhaltereinsätze.

Damit es auf dem Rost kein Gedränge gibt sollte man sich ein Rack zulegen. Rack ist ein Sammelbegriff für unterschiedliche Haltervorrichtungen, zum Beispiel für Spare Ribs, Hähnchenschenkel oder auch Fische. Spieße gibt es aus Bambus; aber natürlich auch aus Edelstahl, in diversen Längen bis hin zum Drehspieß mit elektrischem Motor als Aufsatz für denjenigen, der beim Spanferkelgrillen keinen langen Arm bekommen möchte. Last but not least helfen Tropfschalen aus Alu gefüllt mit Wasser herabfallendes Fett zischend aufzufangen, bevor es in der Glut landet und im schlimmsten Fall so hoch spritzt, dass sich der Grillmeister verbrennt. Für das Tüpfelchen Zusatzgeschmack sorgen gewässerte Woodchunks aus Apfel-, Kirsch-, Hickory- und Pekannussholz auf der Glut.

Möchte man mageres Fleisch oder Fisch grillen, empfiehlt es sich, den Rost vorher zu ölen oder mit einem Stück Bauchspeck einzureiben, damit Fleisch oder Fisch nicht am Rost kleben bleibt.

Verhalten

Damit das Grillerlebnis auch ein schönes bleibt und nicht im Krankenhaus endet, gilt es ein paar Dinge zu beachten. Bei Nutzung eines Gasgrillsempfiehlt es sich, regelmäßig die Schläuche auf mögliche Risse und ggf. korrodiertes Metall zu untersuchen. Dafür mit Seifenlauge über die Anschlüsse und Schläuche bürsten, bei Bläschenbildung ist ein Leck schnell gefunden. Gasflaschen grundsätzlich nur stehend und kühl lagern sowie in sicherer Entfernung zum Grill, vor Inbetriebnahme auf potenzielle Schäden, Dellen etc. untersuchen.
Soll mit Holzkohle gegrillt werden, bitte nur mit handelsüblichen Anzündhilfen arbeiten und niemals mit Brennspiritus geschweige den Benzin! Auch nur unter freiem Himmel zündeln, andernfalls droht Erstickung durch Kohlendioxid! Der Bereich am und um den Grill ist natürlich kein Kinderspielplatz, auch kann es nicht schaden einen Feuerlöscher griffbereit zu haben.

Reinigen

Nach dem Grillen ist vor dem Grillen. Solange der Rost noch Temperatur hat, sollte er mit einer (Messing)Drahtbürste gereinigt werden, um verkohlte Speisereste zu entfernen. Ist der Rost abgekühlt und wird ggf. einige Zeit nicht genutzt, kann man ihn mit Öl einfetten, um Rost vorzubeugen. Auch die Asche sollte beizeiten aus dem Grill entfernt werden, da sie andernfalls Feuchtigkeit anzieht, was wiederum zu Korrosionsschäden führen kann. Grundsätzlich sollte man sich einmal im Monat die Mühe machen, den Grill mit warmer Seifenlauge zu reinigen und anschließend gut abzutrocknen. Gasgrills müssen nach der Nassreinigung mit einem Schwamm anschließend kurz in Betrieb genommen werden, damit die restliche Feuchte verdampfen kann. Einigen Teilen des Elektrogrills wie Fettwanne und Gitter kann sogar die Spülmaschine nichts anhaben. Nur vorher nicht vergessen, die Heizstäbe zu entfernen.

GUTES FLEISCH

Gutes Fleisch kaufen

Der eigentliche Star eines gepflegten Grillettos ist schlicht und ergreifend das Fleisch. Doch die Einkaufsmöglichkeiten sind so groß, dass man leicht den Überblick verlieren kann. Jeder Supermarkt bietet Fleischprodukte von vielen verschiedenen Tieren in allen möglichen Variationen an. Handwerkliche Fleischereien, die noch selbst schlachten und die Züchter persönlich kennen, sind heutzutage sehr dünn gesät, da die Masse der Verbraucher Supermarktware aus Massentierhaltung bevorzugt und damit Quantität vor Qualität stellt. Im Grunde genommen ist genau dieses Verhalten falsch, gerade wenn es sich um sensible Lebensmittel wie Fleisch dreht.

Dennoch ist unter den Verbrauchern nicht erst seit dem letzten Fleischskandal ein Umdenken in Sicht und Qualitätsware wieder mehr gefragt. Die Menschen machen sich nicht länger nur Gedanken, ob das erstandene Fleisch belastet ist oder nicht. Sie wollen mehr: Sie wollen mit gutem Gewissen genießen. Das gelingt am ehesten, wenn man weiß, woher das jeweilige Fleischprodukt stammt. Die Züchter und Erzeuger dahinter sind sich einig, dass man das beste Fleischergebnis nur mit genetisch gut veranlagten Rassen erreichen kann. Doch erst ein Züchter, der sein Handwerk versteht und der seinen Tieren eine artgerechte, oft ganzjährige Freilandhaltung angedeihen lässt, natürliches Futter verabreicht und ihrem Fleisch somit genügend Zeit gibt, sich zu entwickeln, ist das Optimum. Durch die anschließende Reifung zermürben natürliche Enzyme das durch Schlachtung stark erhärtete Muskeleiweiß und lassen das Fleisch zart werden. Das Ergebnis ist ein geschmackvolles, saftiges Genusserlebniss.

Doch solche Top-Genuss-Produkte findet man nur selten in Deutschland und muss daher auf der ganzen Welt suchen. Bekannte Fleischerzeugnisse auf hohem Niveau erhält man z. B. vom spanischen Ibérico-Schwein, dem amerikanischen Wagyu-Rind (Kobe) und Geflügel aus den ostfranzösischen Regionen Bresse und Dombes. Doch in den Genuss solcher Fleischprodukte kommt man entweder nur durch den Besuch einschlägiger Restaurants oder über Delikatessenläden. Wobei Feinkost unter strikter Einhaltung der Kühlketten, hoher lebensmittelhygienischer Auflagen sowie Zertifizierungen von Gesundheitsämtern schon seit Jahren auch erfolgreich über das Internet zu beziehen ist.

Da das notwendige Wissen über gute Fleischprodukte und ihre Herkunft vielfach verloren gegangen ist, lohnt sich des Weiteren auch der Besuch eines speziellen Fleisch-Kochkurses, wo gute Fleischprodukte vorgestellt und gemeinsam zubereitet werden. Denn so kommt man nicht nur in den Genuss exklusiven Fleisches, sondern auch des notwendigen Know-hows, sprich: Welche Qualitätskriterien gelten für gutes Fleisch und über welche Kanäle ist es zu beziehen. So schmeckt ein Steak vom deutschen Jungbullen aus Stallhaltung völlig anders als eines von ganzjährig frei laufenden Hereford-Rindern aus den USA. Der Unterschied zwischen einem gewöhnlichen Brathähnchen aus Intensivhaltung und einem Poulet de Bresse liegt u. a. in ihrer Lebenserwartung, ihrer Nahrung und einem Blatt DIN-A4-Papier. Statt sich wie die Hühnchen aus deutschen Mastbetrieben mit dieser Fläche zu arrangieren, steht dem Geflügel aus der Bresse hingegen offiziell eine Ausläuffläche von 10 Quadratmeter Weide pro Tier zur Verfügung. Das muss man sich mal auf der Zunge zergehen lassen – im wahrsten Sinne des Wortes.

Fleisch vorbereiten: Beizen/Marinieren

Gute Fleischprodukte unterscheiden sich von herkömmlichen in vielen Dingen, u. a. durch den Geschmack. Hat z. B. das Rib Eye vom American Beef Black Angus einen würzigen Eigengeschmack, ist saftig und kernig im Biss, schmecken Fleischstücke von Rindern aus der Masthaltung mehr oder weniger neutral. Haben die Fleischlieferanten von Natur aus einen adäquaten Fettanteil am bzw. im Muskelfleisch und wurden sie artgerecht gehalten (inklusive natürlichem Futter), dann haben diese Stücke wahrscheinlich einen guten Eigengeschmack, der nach dem Grillen höchstens noch mit einer Prise groben Meersalzes unterstrichen werden sollte.

Ob das Steak vor dem Grillen **gesalzen** werden darf oder erst im Nachgang, bleibt jedem selbst überlassen. Hier gibt es kein richtig oder falsch. Nur so viel: Nach dem Anbraten ist die Fleischoberfläche insofern versiegelt, als kein Salz dieser Welt ins Fleisch dringen kann. Daher tut man gut daran, das Stück gut 20 Minuten vor dem Grillen zu salzen. Jedoch nicht früher, da Salz den Fleischsaft aus dem Innern des Stückes zieht, dieser sich auf der Oberfläche sammelt und diese nässt.

AROMATISIEREN

Ist allerdings gewünscht, dass ein Top-Fleisch-Produkt einen anderen, individuellen Geschmack bekommt und vielleicht dabei noch eine gewisse Würze, lohnt sich über Nacht das Bad in einer **Marinade** aus Pflanzenöl, Kräutern, Paprikapulver sowie Knoblauch und frisch gemahlenem Pfeffer. Möchte man Hühnchenfilets oder Chickenwings marinieren, eignen sich süßscharfe Marinaden mit Öl, Honig, Gewürzen und eventuell einem Schuss Tabasco oder Sojasauce.

Anders bei einer **Beize**, die zum Zwecke der Geschmackssteigerung sowie der längeren Haltbarkeit von Fleisch- und Fischprodukten angesetzt wird. Diese oft ziemlich intensive Tunke aus verdünntem Essig, Wein, Zitronensaft, Salz, Zucker, Kräutern und Gewürzen verfeinert das Eingelegte enorm. So bekommt Neutrales Geschmack und Fleisch mit einer intensiv herben Note (z. B. das Hautgout von Wild- oder Hammelfleisch) wird durch Beizen selbige entzogen. Durch Einlegen roher Fleischstücke, aber auch Fisch (franz. mariner für Seemäßiges gesalzen oder gepökelt) in die meist flüssigen Beizen bzw. Marinaden hofft man hingegen, dass die jeweils enthaltenen Aromastoffe den ohnehin schon guten Geschmack des Fleisches noch steigern mögen und es eventuell zarter machen. Um vornehmlich der Haltbarkeit Rechnung zu tragen, aber auch um das zähe Fleisch von älteren Tieren oder zu lange abgehangenes Wild mürbe zu machen, kann man es für mehrere Tage in Beizen aus Rotwein, Essig oder sogar Buttermilch einlegen.

Beim klassischen Sauerbraten entwickelt sich der charakteristische Geschmack hingegen erst, wenn dieser vor dem Garen für mehrere Tage in eine essighaltige Beize eingelegt wird. Die Essigsäure übernimmt quasi die Aufgabe der natürlichen Fleischreifung, da sie tief ins Fleisch eindringt und die Fleischfaser sowie Bindegewebe und Sehnen regelrecht zersetzt. Kurioserweise für die einen, normal für die anderen wird die Bratensauce vom Sauerbraten vor dem Servieren oft noch mit Zuckerrübensirup oder Lebkuchen abgeschmeckt bzw. gebunden, um dieser süßsauren Spezialität, die früher klassisch mit Pferdefleisch zubereitet wurde, den letzten Schliff zu geben.

Bei der Beize handelt es sich im Grunde genommen auch um einen anders gearteten Garprozess, zumindest was Fische angeht. So beizten die Skandinavier frisches Lachsfilet mit einer Mixtur aus Salz, Zucker und Gewürzen, bevor sie es für einige Tage am Strand einbuddelten, damit ihm durch die Enge des Erdlochs Wasser entzogen wurde und das Filet als Graved Lachs und einer damit einhergehenden längeren Haltbarkeit das Licht der Welt neu erblickte.

Aromatisieren mit Rauch, Kräutern, Holz, Kernen

Statt Fleisch in Marinaden oder Beizen einzulegen, damit es länger haltbar und geschmacksintensiver wird sowie eine zartere Konsistenz bekommt, lässt sich Grillgut, was sowohl den Geschmack als auch die Konservierung angeht, ebenfalls ganz hervorragend mit dem Rauch verschiedener Hölzer, Kräuter und sogar Obstkernen aromatisieren. Dass man Fleischstücke wie Schinken und auch Fische mit einer ordentlichen Portion Rauch aromatisieren sowie konservieren kann, indem man sie „in den Rauch hängt", wussten die Menschen schon vor mehreren Tausend Jahren.

Weniger zur Konservierung denn mehr zur Aromatisierung von Grillfleisch im Barbecue-Smoker oder Kugelgrill dient Hartholz wie beispielsweise Apfel, Kirsche, Eiche, Hickory oder Mesquite als perfektes Räucherholz. Die gleichen Sorten werden auch als Holzschnitzel (Chips) oder größere Stücke (Woodchunks) im gut sortierten Fachhandel angeboten. Allerdings muss man diese ca. eine Stunde in Wasser einlegen, bevor man sie auf die Glut gibt, insbesondere da Hartholz weniger Saugkraft hat als Weichholz. Denn andernfalls würden die Schnipsel schnell verbrennen und es würde erst gar kein Rauch bzw. Qualm entstehen.

Ein Rosmarinzweig würde auf der Glut nicht viel anrichten, eher verbrennen. Ein ganzer Strauch (am besten leicht feucht) hingegen kann das Fleisch im Smoker oder Kugelgrill richtig einlullen und ihm mehr als nur einen Hauch Provence verpassen. Die Kugel geben würde man sich dagegen mit Obstkernen in der Glut, sofern sie nicht gewässert oder besser noch abgekocht wurden. Denn Kerne u. a. von Pfirsichen, Aprikosen, Kirschen und Pflaumen sorgen zwar für ein außergewöhnliches Aroma, enthalten jedoch die hochgiftige Blausäure. Daher ist man gut beraten, die Kerne vorher zu entgiften oder sich gleich ungefährliche im gut sortierten Fachhandel zu kaufen.

Wer nach wie vor lieber mit dem Gasgrill arbeiten möchte, dabei aber nicht auf rauchiges US-Barbecue-Aroma verzichten mag, kann getrost aufatmen. Dazu legt man genau wie beim Holzkohlegrill oder Smoker besagte Woodchips ca. eine Stunde in Wasser ein und wickelt sie anschließend locker in ein Paket aus mehreren Streifen Alufolie, das man auf der oberen Seite mit einer Gabel oder spitzem Messer löchert. Das Päckchen dann möglichst nahe am Brenner platzieren. Ist man stolzer Besitzer eines neueren Gasgrills, kann man das Aromapaket auch direkt auf die meist rechtsseitigen, unter einem Deckel versteckten „Aromaschienen" legen. Oder man verzichtet vollends auf das Alupäckchen, indem man die oft integrierte Schublade mit sternförmigen Löchern im Deckel für Smokerchips nutzt.

SAUCEN UND CO

Saucen, Dips, Chutneys, Gewürze

Reicht es einigen Grillern, das Steak nur mit einer Prise groben Meersalz und vielleicht noch frisch gemahlenem schwarzen Pfeffer zu würzen, wollen andere nicht darauf verzichten, ihr Fleisch in die eine oder andere Grillsauce zu tunken und sei es nur mit der Spitze. Denn Saucen, Dips und Chutneys gehören einfach dazu, insbesondere weil sie Gegrilltem eine zusätzliche Note verleihen. Fertigsaucen beinhalten für gewöhnlich immer die gleichen Komponenten. Je nachdem wie intensiv sie sein soll, wird hier und da an Schärfe gespart oder mit Fruchtstücken geizt. Tomatenmark ist in allen ketchupähnlichen Saucen enthalten, dann Säuerungsmittel wie Branntweinessig, dazu Zucker und natürlich Salz sowie Öl als Geschmacksträger und diverse Kräuter oder Gewürze, um dem Ganzen die pikante Geschmacksnote zu verleihen. Bei scharfen Saucen sind oft noch Chilis mit von der Partie. So passen in der Regel rote Würzsaucen gut zu dunklem Fleisch, für Schweinefleisch, Geflügel und Fisch eignen sich eher helle Saucen.

Möchte man lieber eine eigene Sauce herstellen, sollte man diese mindestens einen Tag vor ihrem Einsatz zubereiten, damit sie durchziehen und sich ihr Geschmack besser entfalten kann. Damit die Zutaten auch ihr volles Aroma an die Sauce abgeben, müssen diese unter Umständen jedoch erst erhitzt werden. Zwiebeln und Chilis beispielsweise geben einer Barbecuesauce das gewisse Etwas, wenn man sie vorher röstet. Etwas Süße kann einer Sauce nie schaden, statt Zucker jedoch nur einzustreuen, karamellisiert man ihn lieber vorab. Auch der dezente Geschmack von Kokos und Erdnüssen in einer Sauce hat Fürsprecher. Beide Zutaten ergänzen sich wunderbar, müssen jedoch zusammen erhitzt werden, damit sie sich binden können. Andere Zutaten, wie etwa Lorbeer, müssen zwar nur in die Sauce eingelegt werden, dann aber auch einen längeren Zeitraum darin verbleiben. Für das bekannte Raucharoma von Barbecuesaucen sorgt im Übrigen „Fertigrauch aus der Flasche", sogenannter Liquid Smoke.

Nachdem das Fleisch mit den verschiedensten Saucen versorgt ist, sollte man Beilagen wie Kartoffeln und gegrilltes Gemüse ebenfalls mit dem passenden Begleiter versehen, weil Salz und Pfeffer nicht alles sein kann. Perfekt zu allerlei Kartoffelgerichten wie solche aus dem Ofen oder Pellkartoffeln schmecken kalte, schnell herzustellende Dips wie Tzatziki, Sour Cream oder Kräuterquark. Dips gibt es in vielen unterschiedlichen Varianten und nicht nur auf Joghurt- oder Quarkbasis, sondern auch mal aus Avocados für die bekannt Guacamole oder auf Basis von Sojasauce oder Erdnüssen. Manche Gerichte wie gegrillte Gambas oder Tintenfischtuben schmecken ohne den berühmt-berüchtigten Knoblauchdip Aioli weniger als nur halb so gut. Dann gibt es noch süßsaure oder scharf-pikante Würzsaucen wie Chutneys oder Relishes, die auf Basis von Früchten und Gemüse sowie verschiedenen Kräutern und Gewürzen marmeladenartig eingekocht werden und das Tüpfelchen auf dem i von kurzgebratenem Fleisch, Wild, Fisch, aber auch Gemüse sind.

Neben Saucen, Dips und Chutneys spielen Gewürze eine weitere, ganz eigene Rolle beim Grillen, denn obwohl Salz und Pfeffer im engeren Sinne Gewürze sind, braucht es noch mehr, um echte Barbecuefans hinterm Ofen hervorzulocken. Denn die (richtigen) Gewürze wirken beim Grillen vornehmlich mit Fleisch appetitanregend und geschmacksverbessernd, obwohl man die meisten Gewürze beim Essen nicht schmeckt, sondern riecht. Doch wie sagt man so schön – die Mischung macht's. Daher eignen sich Gewürzmischungen immer gut zum Grillen, sofern sie bestimmte Zutaten beinhalten. Klassisch wird immer gewürzt mit Paprika, Chili, Koriander, Zimt, Curry (was selber schon eine Mischung vieler verschiedener Gewürze ist), Pfeffer, Kreuzkümmel, Knoblauchgranulat, Rosmarin, Thymian etc. Optimal ist es, wenn man frische Samen kauft und selber mahlt. Auch sollte man beachten: Gibt man Salz und Zucker zu seiner Mischung, sollte man dem Grillgut weniger Zeit zum Einwirken geben, da zuviel Salz dem Fleisch Flüssigkeit entzieht. Aber je länger Gewürze auf dem Fleisch bleiben desto mehr ziehen sie ins Fleisch und werden beim Grillen eins mit ihm. Gerade beim Grillen großflächiger Stücke wie Spare Ribs oder Keulen sollte die Würzmischung schon einige Stunden Zeit haben, ins Fleisch zu ziehen. Bei kleineren und zarteren Stücken wie Fischfilets oder Hühnchenbrust reichen schon 20–30 Minuten zum Marinieren bzw. Einwirken, bevor sie auf den Grill gelegt werden.

GRILL WÜRSTCHEN

Bratwurst

Vor 700 Jahren schaffte es die Nürnberger Rostbratwurst als erste ihrer Art in die Annalen der damals Freien Reichsstadt und ist auch noch bis heute weltweit die erste urkundlich erwähnte Bratwurst überhaupt. Doch Würste bzw. in Därme und Mägen gefüllte, gewürzte Fleischreste, aber auch Innereien gibt es schon länger. So konnte man es in Homers Odyssee kaum erwarten, dass die mit Fett und Blut gefüllten Ziegenmägen endlich vom Feuer genommen wurden. Und mal wieder typisch – auch die alten Römer wussten schon Fleischreste mit allerlei Gewürzen, Kräutern, Nüssen und Sonstigem in Schafsdärme zu füllen, um diese zu räuchern oder zu braten.

Heutzutage kommt in der Regel schieres Muskelfleisch von Schweinen, Kälbern oder Rindern (auch Wild, Geflügel, Fisch und Krustentiere) in die Wurst und heißt unter Eingefleischten Brät. Dieses wird zuerst ohne Knorpel, Knochen und Schwarte, aber mit Speck im Fleischwolf grob zerhackt, unter Zugabe von Gewürzen und Kräutern im Kutter dann fein geschnitten und vermengt, u. a. mit Eis(Wasser), um die Eiweißgerinnung zu verhindern.

Am Ende landet die Fleischmasse zu handelsüblichen Portionen von 50 bzw. 80–120 g in Schweine- oder Schafsdärmen (Saitling) und muss zur Abtötung von Bakterien bzw. Haltbarmachung noch eine kochend heiße Dusche im Dampfbad über sich ergehen lassen, bevor die Würste fertig für den Verzehr sind. Dann brät man sie am besten auf einem Grillrost über direkter Hitze an und lässt sie zum Fertiggaren noch einige Zeit auf der indirekten Zone ruhen.

90 Prozent aller Deutschen greifen bei Grillfleisch zur Bratwurst, die gut mit Senf im Brötchen schmeckt, mit pikanter Sauce zur Currywurst stilisiert wurde und in zahlreichen regionalen Variationen wie etwa Thüringer, Nürnberger, Frankfurter und Krakauer auch international bekannt geworden ist.

Im Prinzip hat jedes Land seine eigene Bratwurst. Zu den bekanntesten außerhalb Deutschlands zählen Merguez, die marokkanische Lamm- bzw. Rindswurst, Salsiccia, die Bratwurst Italiens mit Fenchel, Knoblauch und Rotwein, sowie die argentinische Chorizo, die eigentlich eine Salami ist, aber auch sehr lecker vom Grill schmeckt. Und in die südafrikanische bzw. namibische Boerewors kommt mitunter auch mal Antilope oder Zebra.

BEEF BANGERS
„BREAKFAST STYLE"

Rezept für 8 Personen
Technik und Equipment: Gasgrill • direkte Hitze (160 °C) • Fleischwolf (grobe Scheibe, Nr. 5) • Cutter oder Thermomix • Wurstfüller

600 g Wagyunacken (Chuck Flap Edge Roast) • 400 g Schweinebauch • 1 g Koriandersamen • 6 g Kaffeebohnen (Arabica) • 10 g Salz • 30 g Ketjap Manis • 70 g Malzessig • 50 g Ahornsirup • Schweinedärme (28–30 mm ø), gut gewässert

Den Nacken in Würfel schneiden und im Froster oder Eisfach ca. 15 Minuten einkühlen, sodass die Fleischtemperatur ca. 0 °C beträgt. Mit dem Schweinebauch ebenso verfahren.
Den Koriander ohne Fett anrösten und mit den Kaffeebohnen zusammen sehr fein mörsern. Schweinebauch und Wagyunacken je-

weils mit der Hälfte des Salzes würzen. Ketjap Manis, Malzessig und Ahornsirup in eine Pfanne geben und bei geringer Hitze auf etwa ein Drittel der Menge reduzieren, anschließend abkühlen lassen.
Den Schweinebauch im Cutter oder Thermomix zu einem groben Brät mixen. Die gewürfelten Wagyunackenstücke wolfen, die Hälfte ein weiteres Mal durch den Wolf drehen. Aus Textur- und Hygienegründen darf das Fleisch nicht zu warm werden, ggf. noch einmal 60 Minuten kalt stellen.
Wagyu und Schwein mit Gewürzen und Reduktion in einer eiskalten Schüssel gut verkneten. Die Masse mit einem Wurstfüller in die Därme füllen und zu 25-g-Würsten abdrehen, innerhalb kurzer Zeit verbraten oder bei 70 °C für 15 Minuten pochieren. Anschließend die Bangers schön dunkel grillen.

DICKE SALSICCIA „THE EASY WAY"

Rezept für 8 Personen
Technik und Equipment: Holzkohlegrill • Holzkohle • direkte Hitze (170 °C) • Fleischwolf (grobe Scheibe, Nr. 5) • Wurstfüller • Holzspieße

1 kg Schweinebauch (nicht zu fett) • 16 g Salz • 10 g Thymian • 8 g Fenchelsamen • 1 g schwarzer Pfeffer • 5 g Paprikaflocken • Schweinedärme (30–32 mm ø), in lauwarmem Wasser gewässert

Den Bauch grob würfeln, salzen, mit Paprikaflocken würzen und auf 0 °C kühlen. Den Thymian fein hacken, die Fenchelsamen und den Pfeffer mörsern. Alles vermengen und zusammen mit dem gekühlten Schweinebauch durch den Fleischwolf drehen.

Die Wurstmasse in die gewässerten Därme füllen, aufrollen, mit gewässerten Holzspießen fixieren oder abdrehen. Die fertigen Bratwürste mindestens 4 Stunden trocknen lassen. Besser wäre es, sie bei maximal 4 °C rund 24 Stunden zu reifen.
Den Grill auf 170 °C bringen und die Würste grillen, bis sie eine schöne Farbe haben. Vor dem Servieren mit einem spitzen Gegenstand anstechen, damit der heiße Wasserdampf entweichen kann und die Wurst beim Anschneiden nicht platzt. Wer ganz sicher gehen möchte, dass die Salsiccia die perfekte Kerntemperatur von 68–72 °C hat, bedient sich eines elektronischen Messgerätes.

GEFLÜGEL

BRATWURST
„JEAN-CLAUDE"

Rezept für 8 Personen

Technik und Equipment: Elektrogrill • direkte Hitze (170 °C) • Fleischwolf (feine Scheibe, Nr. 3,5) • Thermomix oder Cutter • Wurstfüller

75 g getrocknete Aprikosen • 50 ml Cognac • 500 g Geflügelkeulenfleisch (Mieral), ohne Haut • 250 g Hühnerbrust (Mieral) • 250 g fetter Schweinebauch • 100 g Gänseleber (ungestopft) • 15 g Rosmarin • 16 g Salz • Schafsdärme (26–28 mm ø) • frisch gemahlener weißer Pfeffer

Die Aprikosen sehr fein schneiden und mit dem Cognac für 1 Stunde marinieren. Sämtliches Fleisch separat würfeln und in Froster oder Gefrierfach für ca. 15 Minuten einkühlen, sodass die Temperatur ca. 0 °C beträgt. Die Gänseleber temperieren.

Das Keulenfleisch durch die feine Scheibe des Wolfs drehen. Den Schweinebauch, das Brustfleisch und die temperierte Leber im Cutter zu einem Brät mixen. Rosmarin fein hacken. Das gewolfte Fleisch mit dem Brät, ausgedrückten Aprikosen, Rosmarin, Salz und Pfeffer in einer eiskalten Schüssel vermengen, die Masse in Därme abfüllen und zu ca. 50-g-Würsten abdrehen.

Da das feine Aroma der Würste nicht verloren geht, bietet es sich an dieser Stelle an, die Würste für ca. 15 Minuten bei 70 °C zu pochieren und sie erst dann zu grillen, dabei stark Farbe annehmen lassen.

RIND FLEISCH

Die besten Stücke zum Grillen – Rassen/Länder/Fütterung

Wenn Fleisch auf dem Speiseplan steht, dann hat das Schwein beim Pro-Kopf-Verbrauch in Deutschland immer noch den Rüssel vorn, darauf folgt Geflügel und Rindfleisch bildet das Schlusslicht. Doch wenn es ans Grillen geht, ist Letzteres immer die erste Wahl. Denn ein richtig gutes Steak kommt immer noch vom Rind, egal, aus welchem Muskel es geschnitten wird. In der Regel sind die meisten Steaks frei von Knochen, also Tenderloin (Filet), Sirloin (Hüfte), Striploin (Roastbeef), Teres Major (Metzgerstück oder auch flaches Filet) sowie das Bürgermeisterstück, welches in den Staaten wegen seiner Form in Anlehnung an die dreieckige Rückenflosse des Hais auch Tri Tip heißt. Die wenigen Ausnahmen mit Knochen bilden Club-, Rib-, T-Bone- und Porterhouse-Steak. Trotz seines weltbekannten Namens, der unmissverständlich auf seine Form hinweist, steht das T-Bone-Steak aus dem Roastbeef bei Fleischfreunden allerdings nur auf dem zweiten Platz; dicht gefolgt vom Porterhouse mit dem größeren Filetanteil.

Kommt ein Rib-Eye-Steak auf den Grill, setzten alle Genießerherzen einen Schlag aus. Die Beweggründe liegen klar auf der Hand, denn der heimliche Star unter den Steaks besitzt trotz hoher Marmorierung eine ungewöhnlich zarte Struktur und ist daher ideal zum Kurzbraten geeignet. Auch gehören zur Hochrippe respektive dem Rib-Eye-Steak statt einem gleich mehrere Muskelstränge, wobei jeder für sich ein Geschmackshighlight bedeutet. Dennoch wird dieses Stück immer nur im Ganzen zubereitet. Denn im Grunde sorgen sämtliche den ganzen Cut durchziehenden feinen Fettäderchen sowie das umgebende Fett für ein außergewöhnliches Geschmackserlebnis. Insbesondere wenn man das Rib-Eye-Steak von unterschiedlichen Rinderrassen kostet, wie beispielsweise dem American Beef, Bison, Wagyu oder Hereford Prime vom Irish Beef. Bei Letzterem ist der Aha-Effekt bei der am Knochen gereiften Dry-Aged-Variante noch einige Nuancen intensiver.

Deutliche Geschmacks- und Qualitätsunterschiede sind grundsätzlich abhängig von Rasse, Fütterung und Reifeverfahren. So schmeckt nicht nur das Ribe-Eye-Steak vom irischen Hereford-Rind, das sich hauptsächlich von saftigem Gras ernährt, anders als das American Beef mit seiner Maisfütterung, das dem Fleisch den typisch kräftigen Geschmack verleiht. Auch das Flanksteak aus der Dünnung, also den Bauchlappen, das Skirt Steak aus dem Saumfleisch des Zwerchfells sowie der Hanging Tender genannte Nierenzapfen, in Frankreich als L'Onglet bekannt, unterscheidet sich geschmacklich deutlich, stammen sie von verschiedenen Rinderrassen.

In erster Linie ist das den besseren Fleischrassen der USA wie Black Angus und Hereford geschuldet. Denn diese Tiere liefern von Natur aus ein gut marmoriertes und wohlschmeckendes Fleisch, sodass Schnitte aus den Bauchlappen wie eben das Flank Steak möglich und kurzgebraten ein echter Genuss sind. Außerdem stehen den Rindern der USA deutlich größere Auslaufflächen zur Verfügung; im Grunde genommen halten sich die Tiere ihr ganzes Leben im Freien auf. Dazu kommen ein natürlicher, aber abwechslungsreicher Futtermix sowie eine ausgefeilte Zusatzfütterung mindestens 150 Tage vor der Schlachtung. Letzen Endes haben die amerikanischen Rinder auch ein längeres Leben als ihre deutschen Artgenossen und lassen dieses mit knapp zwei Jahren, weil sich erst dann ihr Muskelfleisch auf dem Zenit befindet und wunderbar marmorierte und saftige Steaks mit einem hervorragenden Fleischgeschmack liefert.

Obwohl vom Geschmack fast identisch, kann das T-Bone-Steak des Chianina-Rindes aus Italien beileibe nicht verglichen werden mit dem anderer Rinderrassen. Alleine ob der Größe dieses Stücks wähnt man sich im Schlaraffenland. Denn die toskanischen Chianinas gehören weltweit zur größten und ältesten Rinderrasse. Möchte man den italienischen Küchenklassiker „Bistecca alla Fiorentina" vor Ort in Italien genießen, sollte am Restauranteingang das Etikett „amici della chianina" prangen. Ist dem nicht so, wird dem Gast alles Mögliche auf den Teller gelegt – nur kein Chianina, denn ihr Fleisch hat Seltenheitswert. Klassisch gegrillt über Holzkohle, reicht die Würze nur mit etwas grobem Meersalz, ein wenig Pfeffer aus der Mühle und vielleicht noch ein paar Tropfen erstklassiges Olivenöl. Mehr braucht es nicht für ein T-Bone vom Razza Chianina.

DIE WICHTIGSTEN STÜCKE ZUM GRILLEN

4. Roastbeef Steak

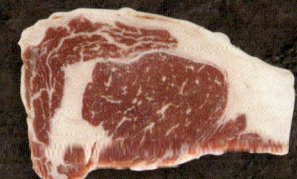

3. Rib-Eye-Steak

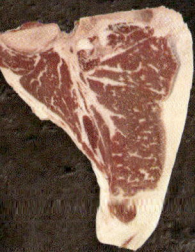

4. T-Bone-Steak

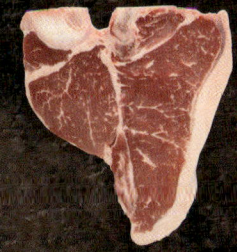

4. Porterhouse Steak

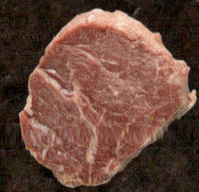

5. Filet Steak

3. Hochrippe
(Ribeye bone in)

4. Rinderkarree

5. Filet ohne Kette

1. Nackensteak

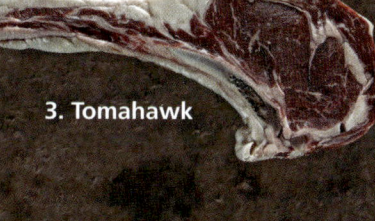

3. Tomahawk

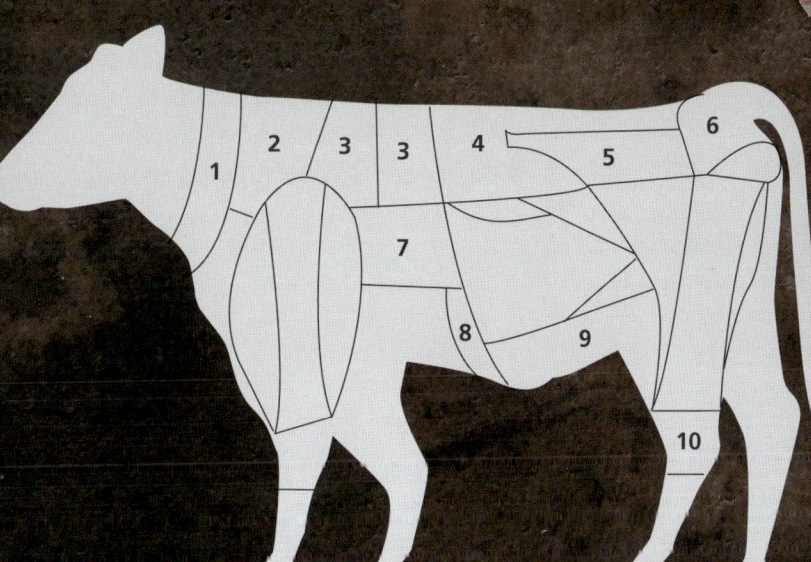

2. Rinderkamm

6. Hüfte

7. Chuck Short Rib

8. Skirt Steak

9. Flank Steak

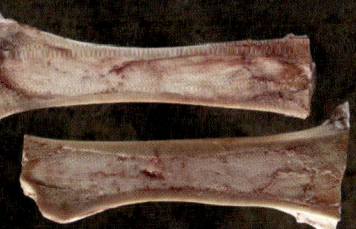

10. Markknochen

STEAKS UND BURGER

Dank eines ausgesprochen milden, aber ganzjährig feuchten Klimas und fruchtbarer Böden strotzt Irland nur so vor saftigen Wiesen mit immergrünem Gras. Die ideale Futtergrundlage für ihre Rinder, dachten sich Irlands Bauern, und lassen ihre Tiere daher schon seit Jahrhunderten vom Frühling bis zum späten Herbst durchweg auf den Weiden – egal, wie die Witterung ist. So wurde das ehemalige Arbeitsrind, welches dank einer starken Klimatoleranz in nahezu allen Ländern dieser Erde leben kann, kurzerhand zum Fleischrind umgemodelt. Und zwar zu einem ganz besonderen, da es – salopp gesagt – Gras in Fleisch umwandeln kann. Man erkennt es am satten Rot und saftigen Biss des Fleisches. Das Fleisch vom irischen Hereford-Rind bildet die klassische Grundlage für Dry-Aged-Produkte. Dazu werden nur die sehr hochwertigen Rückenteile verwendet. Aber auch herkömmlich gereift, schmeckt Irish Beef ausgezeichnet.

Viele Steakfreunde schwören ja geradezu auf Steaks von argentinischen Black-Angus-Rindern. Dass es noch besser (und auch teurer) geht, beweist das Wagyu. Dahinter verbirgt sich der außerjapanische Name vom Kobe-Rind. Das Markenzeichen der schwarzen, hornlosen Rinderrasse, die mittlerweile auch in Australien, insbesondere den USA und sogar schon in Deutschland gezüchtet wird, ist die intensive Maserung ihres Fleisches: feinste, fast schneeweiße, den Muskel durchziehende Fettäderchen, die beim Grillen schmelzen und so für eine ultimative Saftigkeit sorgen. Kenner sich einig, Wagyu Kobe Style Beef steht für höchsten Genuss und exzellenten Geschmack. Denn die zarten Steaks zergehen fast im Mund und hinterlassen einen kernigen, nussigen Geschmack, der in besagten Kennerkreisen als Umami bekannt ist, der 5. Geschmack. Dies jedoch nur, wenn die Aufzucht zu 100 Prozent natürlich ist und die Wagyus beispielsweise der USA sich von Gras, wertvollen Mineralien und Kräutern der ursprünglichen Prärie ernähren. Anschließend erhalten sie rund 200 Tage zusätzliches Futter in Form von Mais, Alfalfa, Heu, Maische und Mineralien.

Für das perfekt gegrillte Rindersteak gilt grundsätzlich, dass das Fleisch gut abgehangen ist und eine dunkle rote Farbe aufweist. Wird es bereits geschnitten gekauft, sollte sichergestellt sein, dass es eine akkurate Dicke von mindestens 2,5 Zentimetern und mehr hat. Es muss quer zur Faser geschnitten sein, diese zart und fein. Auf Fingerdruck gibt es leicht nach und bleibt eingedellt. Eine schöne Fett-Marmorierung deutet zudem auf ein optimales Stück Grillfleisch hin, da dieses intramuskuläre Fett beim Grillen bzw. Braten schmilzt und das Fleisch dadurch vor Austrocknung schützt und das Steak herrlich saftig bleibt.

Burger

Hinter jedem Gericht steckt (meist) eine Geschichte. Eine könnte sogar wahr sein. Angeblich „verliebten" sich im 18. Jahrhundert deutsche Seefahrer derart in rohes, stark gewürztes Rinderhack, welches sie in russischen Handelshäfen als Steak Tartar kennenlernten, dass sie es mit nach Hause brachten. Via Hamburger und seinem Seehafen, der damals als der größte in ganz Europa galt, immigrierten deutsche Auswanderer später mit einem „Beefsteak zwischen Weißbrotscheiben" in die Neue Welt. Mittlerweile ist die Rindfleischbulette als Hamburger in der ganzen Welt bekannt. Obwohl unendlich viele Variationen des Wie-auch-immer-Burgers existieren, schmeckt er am besten, wenn das Fleisch von Rindern aus Freilandhaltung stammt, diese also hauptsächlich Weidegras, aber auch Heu, Mais und Mineralien zu sich genommen haben.

Das Fleisch des Burger-Patties sollte mindestens 20 Prozent Fettanteil und einen gewissen Eigengeschmack haben. Daher sollte es aus Muskeln stammen, die immer in Bewegung waren, wie z. B. die Rinderschulter. Deren Fett hält das Hack zusammen und sorgt für eine saftige Konsistenz; wäre das Fleisch zu trocken, würde das Patty beim Braten auseinanderbrechen. Doch Fett ist auch Geschmacksträger für Aromen wie Gewürze und Rauch. In 8–10 Minuten bei direkter mittlerer bis starker Hitze (200–260 °C) ist der Burger durch, sofern er nicht dünner als 2 Zentimeter ist, Deckel dabei immer geschlossen halten. Warum? Weil ein geschlossener Deckel Flammenbildung (durch zu viel Sauerstoff) verhindert und die Deckelinnenseite die Hitze reflektiert, die den Burger von allen Seiten gleichmäßig grillt, ohne dass er gedreht werden müsste. Dennoch sollte der Patty einmal gewendet werden, jedoch erst nach gut 4 Minuten, nämlich dann, wenn das Fleisch eine Kruste bekommen hat und sich einfacher vom (sauberen) Rost löst. Versucht man das Patty vorher zu wenden, klebt es unter Garantie fest und zerbricht im schlimmsten Fall.

Zwischen zwei Brötchenscheiben (Buns) aus Weizenmehl gelegt, wird der klassische Hamburger noch mit Salatblatt, Tomatenscheibe und Zwiebelringen garniert und mit einem Spritzer Senf und Ketchup gewürzt. Bei der nicht minder bekannten Variante mit Käse bekommt der Burger on top noch eine schöne Scheibe Cheddar gelegt. Diese am besten kurz vor Ende der Grillzeit auf das Patty legen, damit der Käse eins wird mit der Hackfleischscheibe. Mittlerweile macht bei Gourmet-Grillern ein Burger die Runde, der geschmacklich wie optisch alle anderen Mitbewerber aussticht: super saftige, geschmacksintensive Mini-Burger oder auch „Slider" vom Wagyu (von engl. slyder für rutschen). Eine weitere Edelvariante ist der Burger aus dem Rib Eye.

GARTECHNIKEN

Gartechniken, Garzeiten

Ein optimales Grillergebnis erreicht man, wenn das Fleisch rechtzeitig aus der Kühlung genommen und auf Raumtemperatur gebracht wird. Bevor das Steak dann in der Pfanne oder auf dem Grill landet, sollte man die Feuchtigkeit mit etwas Küchenpapier abtupfen. Denn bei der Zubereitung gibt es unterschiedliche Arten und jede spricht für sich. Egal, ob das Stück direkt über der Holzkohlenglut eines Kugelgrills liegt und schnell eine dunkle Kruste bekommt oder leicht versetzt über der mittleren Temperaturzone. Einerlei, ob es mit ähnlich starker Hitze auf dem porzellanemaillierten Gussgrillrost eines Gasgrills der Dinge harrt, die da kommen mögen, oder schlicht und ergreifend auf dem Rost des praktischen Elektrogrills in 2 Minuten zum perfekten Medium-Steak wird. Das Genusserlebnis ist immer das gleiche. Ganz vorzügliche Steaks kann man natürlich auch mit der Pfanne zubereiten. Dafür das Steak scharf anbraten, aus der Pfanne nehmen und für ein paar Minuten ruhen lassen. Anschließend ein Stückchen geklärter Butter in der noch heißen Pfanne schmelzen, das Steak zurück in die Pfanne geben und immer wieder mit der heißen Buttersauce übergießen. So bekommt das Steak wieder Temperatur und kann darüber hinaus einen schönen, aromatischen Geschmack annehmen.

Entscheidet man sich für den Holzkohlegrill, den heißen Rost mit Öl einpinseln, damit das Steak nicht festklebt. Auch gut, wenn man mit der Glut unterschiedliche Temperaturzonen angehäuft hat, bevor das Steak auf den Rost gelegt wird. Zu Beginn das Fleisch über direkter Hitze scharf anbraten, damit sich eine schöne braune Kruste bildet und der Fleischsaft nicht austreten kann. Unabhängig von einem schönen Muster auf dem Steak reicht es aus, Fleischstücke mit einer Dicke von 2–3 Zentimetern während des Grillvorgangs **nur einmal** zu **wenden**, am besten unter Zuhilfenahme einer **Grillzange**, und dann über eine Zone auf dem Grill zu schieben, wo die Temperatur nicht mehr ganz so heiß ist, damit das Steak fertig garen kann. Wann der jeweilige Zeitpunkt gekommen ist, erkennt man eben an austretendem Fleischsaft.

Ganz wichtig, wenn man ein wirklich gutes Steak erhalten möchte, ist, das Fleisch nicht zu dünn zu schneiden. Das perfekte Steak muss mindestens 2 Zentimeter, eher 2 ½–3 ½ Zentimeter stark sein. Auch wenn man sein Steak nicht blutig oder medium gebraten haben möchte, tut man gut daran, es nicht vollends durchzubraten. Denn liegt die Fleischscheibe zu lange über der Hitze, wird sie zäh und hat dann nur noch was von einer Sohle. Soll heißen, das perfekte Steak schmeckt am besten medium rare oder medium, hat einen akkuraten Fettanteil im und am Fleisch und wird am besten aus Rindfleisch geschnitten, das von Tieren aus artgerechter Haltung stammt.

Die Garstufen und -zeiten für ein Steak

Garstufen	Garzeit/Seite*	Kerntemperatur	Handtest
roh/rare mit blass brauner Kruste	30 Sekunden	45–50 °C	Daumen + Zeigefinger: weich wie ein Schwamm
blutig/medium rare mit knusprig brauner Kruste	1 Minute	50–54 °C	Daumen + Mittelfinger: fest, aber nachgiebig
innen noch blutig/medium mit knusprig brauner Kruste	2 Minuten	54–56 °C	Daumen + Ringfinger: Handballen gibt kaum noch nach
innen rosa/medium well	3–4 Minuten	56–60 °C	
durchgebraten/well done ggf. trocken und zäh	4–5 Minuten	60 °C +	Daumen + kleiner Finger: hart und elastisch

*Bei der Garzeit handelt es sich nur um Richtwerte, die je nach Fleischstärke und Qualität beim Steakgrillen variieren können.

very rare / englisch 45 °C

rare 50 °C

medium rare 50 – 54 °C

medium 54 – 56 °C

well done 60 °C

very well done 80 °C

55

TIPPS UND TRICKS

Da Fett ein Geschmacksträger ist, sollten Fettränder (z. B. bei einem Striploin aus dem Roastbeef) immer am Fleisch belassen und erst NACH dem Grillen entfernt werden, wenn man es nicht mag. Auch sollte man tunlichst vermeiden, das Steak während des Garens mit der Gabel oder dem Messer anzustechen und zum Hantieren lieber zu einer Grillzange greifen. Für das Braten mit der Pfanne bedient man sich am besten einer Gusseisernen mit Rillen am Boden, da sie gut die Hitze speichern kann und dem Steak das bekannte Branding verpasst. Zum Anbraten in der Pfanne sollte man immer ein Öl verwenden, das große Hitze verträgt, wie beispeisweise Traubenkernöl, Walnussöl oder hochwertige Olivenöle, jedoch kein Pflanzenöl wie Raps oder Sonnenblume. Butterschmalz und geklärte Butter sind eine gute Alternative, aber auch Kokos- und Palmkernfett.

Da man den Messstab eines Messgerätes bis zur Mitte des jeweiligen Stückes vorschieben muss, um die tatsächliche Kerntemperatur bestimmen zu können, eignet sich solch ein Gerät erst für größere Teilstücke vom Roastbeef oder etwa eine Lammkeule. Den jeweiligen Garzustand eines Steaks kann man besser mit der Fingerdruckmethode messen. Fertige Steaks für die gleiche Zeit ruhen lassen, die es zum Grillen bzw. Braten benötigt hat, damit sich der Saft besser im Stück verteilen kann. Perfekt, wenn die Teller beim Anrichten vorgewärmt sind. Lieber mit grobem Meersalz würzen statt mit Küchensalz, da Meersalz ein besseres Aroma gibt. Pfeffer aus der Mühle erst nach dem Grillen dazugeben, da er sonst zu schnell verbrennt und bitter wird.

TOMAHAWK STEAK
VOM AMERICAN WAGYU

Rezept für 8 Personen

Technik und Equipment: Kugelgrill • Hartholzkohle (z. B. Steakhouse) • direkte Hitze (250 °C) • indirekte Hitze (100–120 °C) • Wasserschale

8 Wagyusteaks (Tomahawk, à 750 g) • 50 g Butter • 50 g Wagyufett, ausgelassen • Salzflocken (Murray River)

Eine Zwei-Zonen-Glut (Kombination aus direkter und indirekter Hitze) herstellen, das heißt, die Glut nur auf einer Seite des Kohlerosts schichten.

Die Steaks vor dem Grillen bei Raumtemperatur ca. 15 Minuten temperieren, anschließend direkt über der Glut 1–1 ½ Minuten angrillen. Nach der Hälfte der Zeit einmal um 45 Grad drehen, damit sich ein Grillmuster ins Fleisch brennt. Die Steaks wenden und ca. 1 Minute braten. Anschließend auf die indirekte Zone des Grills legen und bis zur gewünschten Kerntemperatur von 50–52 °C garen.

Darauf achten, dass noch ausreichend Glut vorhanden ist, um in einem Töpfchen direkt auf der Glut die Butter und das ausgelassene Wagyufett zum Kochen zu bringen – dabei aufpassen, dass die Butter nicht verbrennt.

Die Steaks nach der Ruhephase mit der sehr heißen Butter-Wagyufett-Mischung bepinseln und mit den Salzflocken würzen.

Tipp: Temperieren bedeutet, das Fleisch aus der Kühlung zu nehmen. Im vorliegenden Fall sollte das Steak nur 15 Minuten vor dem Grillen aus der Kühlung genommen werden, damit das Fett am Fleisch noch fest ist (bei Kälte zieht es sich zusammen). Würde das Steak zu lange Temperatur annehmen, wäre das Fett zu weich

DI RAZZA PURA
CHIANINA

Rezept für 8 Personen
Technik und Equipment: Gasgrill • indirekte/direkte Hitze (220 °C und 160 °C)

4 T-Bone-Steaks (Chianina-Rind, à 1,2 kg) • Salzflocken (Murray River)

Das Fleisch aus der Kühlung nehmen und bei Raumtemperatur ca. 1 Stunde temperieren.
Den Gasgrill auf 220 °C vorheizen, Ruhezone dabei nicht vergessen. Die Steaks für ca. 30 Sekunden auf das heiße Rost setzen, um 45 Grad drehen und weitere 30 Sekunden grillen. Die Steaks wenden und die gleiche Prozedur wiederholen.
Anschließend die Temperatur auf 160 °C reduzieren und die Steaks auf die indirekte Seite des Grills legen. Dabei darauf achten, dass die außen liegenden Knochen zur Grillrückwand zeigen, da sie das Fleisch gegen die reflektierende Hitze vor Verbrennung schützen. Etwa 5 Minuten weitergaren, dann auf dem Schneidebrett 5 Minuten ruhen lassen, mit den Salzflocken bestreuen und aufschneiden.

Tipp: Als Beilage eignet sich hervorragend der Tomatensalat von Seite 244.

MARK KNOCHEN
MIT WILDKRÄUTERN

Rezept für 8 Personen
Technik und Equipment: Kugelgrill • Holzkohle • direkte Hitze mit geschlossenem Deckel (250 °C)

Markknochen: 8 längs gesägte Markknochen (von mind. 20 Monate alten Rindern) • 8 passende Sockel aus Alufolie für den Grillrost • **Fertigstellen und Anrichten:** 200 g gemischter Wildkräutersalat (z. B. Pimpinelle, Schafgarbe, Rauke, Löwenzahn, Schnittlauch) • 1 EL Apfelbalsamessig (z. B. „Golden Delicious") • 1 EL Olivenöl • 50 g Pankomehl • 1 EL Butter • Essigschalotten (Basisrezept, s. S. 252) • luftgetrocknete Brotchips • 80 g Naturjoghurt (10 % Fett) • Salzflocken (Murray River) • grob geschroteter schwarzer Sarawakpfeffer

Markknochen: Den Rost aus dem Grill nehmen, den geschlossenen Grill auf ca. 250 °C vorheizen. Die Markknochen auf die Alufoliensockel setzen und sie dann auf dem Rost platzieren. Den Rost mit den Knochen in den Grill setzen und den Deckel sofort schließen. Die Markknochen ca. 15 Minuten grillen, den Lüftungsschieber zu zwei Dritteln offen lassen.

Nach der Hälfte der Zeit den Deckel um 180 Grad drehen, sodass die Hitze im Innern des Grills gleichmäßig durch die Lüftungsschlitze entweichen kann.

Fertigstellen und Anrichten: Die Wildkräuter mit etwas Essig marinieren, leicht salzen und mit ein paar Tropfen Olivenöl verfeinern. Das Pankomehl in etwas Butter leicht braten. Den Salat mit den Essigschalotten und Brotchips sowie dem Joghurt garnieren. Das gegrillte Mark mit dem Salat servieren, mit geröstetem Panko, Salz und grobem Pfeffer würzen.

Tipp: Alternativ können Sie auch 24 Stunden abgehangenen Joghurt mit 3,5 % Fett verwenden. Dazu folgendermaßen vorgehen: Ein Durchschlagsieb mit einem sauberen Geschirrtuch auslegen und das Sieb in einen großen Topf hängen. Dann den Joghurt in das Sieb geben und das Geschirrtuch oben zubinden. Bei Bedarf das Joghurtpäckchen mit einem kleinen Topf o. ä. beschweren, damit die Molke gut abfließen kann. Das Ganze über Nacht stehen lassen. Am nächsten Morgen sollte alle Flüssigkeit aus dem Joghurt entwichen sein und er eine cremig-fette Konsistenz haben.

WAGYU-STEAK
MIT GRÜNER PAPRIKA UND KUMQUAT

Rezept für 8 Personen

Hinweis: Die Steaks 1 Tag vorher marinieren.

Technik und Equipment: Holzkohlegrill • Holzkohle • direkte Hitze (180 °C) • 4 massive Edelstahlspieße

Wagyu: 50 g Paprikapulver, edelsüß • 5 g Kümmelsamen • 5 g Senfsamen • 2 g schwarzer Pfeffer • 10 g Steinsalz • 5 g brauner Zucker • 4 Wagyu-Steaks (Skirt, à 350–450 g) • **Spieße:** 2 rote Zwiebeln • 12 Kumquats • 2 grüne Paprika • 2–3 Kräutersaitlinge • **Anrichten:** 400 g griechischer Joghurt (10 % Fett) • Abrieb von 1 unbehandelten Zitrone • Salz

Wagyu: Für den Rub Paprika, Kümmel, Senf, Pfeffer, Steinsalz und Zucker in einer Kaffeemühle oder einem Mixer fein pulverisieren. Das Fleisch mit dem Rub gut einreiben und ca. 12 Stunden marinieren.

Spieße: Zwiebeln häuten, Kumquats und Paprika waschen, Pilze putzen. Die Kumquats mit einer Nadel mehrfach einstechen, Paprika, Pilze sowie Zwiebeln in mundgerechte Stücke schneiden. Nach Geschmack abwechselnd Paprika, Fleisch, Pilze, Kumquats und Zwiebeln auf die Spieße stecken, das Skirt dabei am Stück lassen und s-förmig aufspießen (s. Foto). Die Fleischspieße pro Seite ca. 4 Minuten direkt grillen, anschließend 10 Minuten ruhen lassen.

Anrichten: Rund 50 g griechischen Joghurt pro Portion auf die Teller verteilen, mit 1 Prise Salz und etwas Zitronenabrieb bestreuen. Dazu passt hervorragend das Brot vom Grill (s. S. 250). Die Spieße reichen von der Menge her locker für acht Personen, jeweils zwei teilen sich einen Spieß.

NACKEN VOM „PLANKEN-SANDWICH"

Rezept für 8 Personen

Technik und Equipment: Gasgrill • Sear/Sissle-Funktion (325–350 °C und 160 °C) • 16 Zedernholzplanken (8 x 8 cm, ca. 2 Stunden in warmem Wasser eingeweicht) • gewässertes Metzgergarn

8 Wagyunackensteaks (Chuck Flap Edge Roast, à 250 g) • 16 Scheiben Gemüsezwiebeln (ca. 5 mm dick) • 16 Thymianzweige • Salzflocken (Murray River) • Zucker

Den Grill auf 325–350 °C vorheizen, die Steakstation sollte voll aufgedreht sein.

Das Fleisch und die Zwiebelscheiben ca. 30 Minuten mit Salz und Zucker marinieren. Das „Planken-Sandwich" ähnlich wie einen Hamburger belegen: Holzplanke, Zwiebelscheiben, je 1 Thymianzweig, Fleisch, wieder 1 Thymianzweig, Zwiebeln und eine abschließende Holzplanke, mit dem gewässerten Metzgergarn fest verschnüren.

Die Planken-Päckchen auf die Sear-Zone geben und für ca. 1 ½ Minuten grillen. Wenn die Holzplanken auf der Rostseite zu knistern beginnen, das „Sandwich" auf die andere Seite drehen. Wenn alle Pakete gedreht sind, die Temperatur um die Hälfte reduzieren und die Sear-Zone ausstellen.

Nach 15 Minuten die Päckchen erneut drehen und für weitere 10 Minuten bei ca. 160 °C garen. Die Päckchen nach einer Ruhezeit von ca. 5 Minuten aufgeschnitten servieren. Das Fleisch ist perfekt, wenn es eine Kerntemperatur von ca. 58 °C aufweist.

OCHSENKARREE
„DRY-AGED" IM HEU GEGRILLT

Rezept für 8 Personen

Technik und Equipment: Gasgrill (1 Brenner) • indirekte Hitze (ca. 100 °C) • Alu-Grillschalen

Hereford-Ochsenkarree (3,5 kg) • 2 EL Olivenöl • Bio-Wiesen-heu • Salzflocken (Murray River) • Zucker

Das Karree aus der Kühlung nehmen und bei Raumtemperatur ca. 2 ½ Stunden temperieren. Den Grill auf 90–100 °C vorheizen, den Deckel dabei geschlossenen halten.

Das Karree mit den Salzflocken und etwas Zucker großzügig würzen, mit Olivenöl einpinseln und anschließend fest in das Heu einwickeln.

Die Aluschalen zu zwei Dritteln mit Wasser füllen und auf die ausgeschalteten Brenner unter den Rost setzen (auf die indirekte Seite). Das Ochsenkarree darüber setzen und etwa 3 ¼ Stunden garen, das Fleisch sollte 54 °C im Kern haben. Das Fleisch etwa 10 Minuten ruhen lassen, die Kerntemperatur steigt dann noch um 2–3 °C. Abschließend das Karree vom Heu befreien und vor dem Servieren gegebenenfalls mit einer Lötlampe nachbräunen.

BACK RIBS
MIT DUNKLEM RUB UND COLA

Rezept für 8 Personen

Hinweis: Die Ribs mind. 12 Stunden marinieren. Für die Grillzeit 6–7 Stunden einrechnen.

Technik und Equipment: Wassersmoker mit 2 Etagen (115 °C) • ca. 100 Briketts • 2 Handvoll Holzchips (Apfel), eingeweicht

1 EL Koriandersamen • 225 g Rohrzucker • 90 g Steinsalz • 40 g schwarzer Knoblauch • 25 g echtes Kakaopulver • 1 EL Senfsamen • 1 TL Chiliflocken • 6 Wagyu-Rippen (Back Ribs) • 1 Dose Red Bull Cola

Koriandersamen ohne Fett leicht rösten, mit Zucker, Steinsalz, Knoblauch, Kakao, Senfsamen und Chili in einem Standmixer zu einem Rub vermahlen. Die Rippen parieren, mit dem Rub einreiben und 12 Stunden marinieren.

Die Ribs mit der Fleischseite nach unten auf den Rost des vorbereiteten Wassersmokers legen. Ein Viertel der Holzchips vorsichtig auf die Glut im unteren Teil des Smokers legen, diesen Vorgang im Abstand von 1 Stunde insgesamt noch dreimal wiederholen. Nach 3 Stunden die Ribs drehen und unter Zuhilfenahme eines Silikonpinsels die Cola auf die Ribs streichen. Diesen Vorgang regelmäßig wiederholen, bis die Cola aufgebraucht ist. Nach einer Grillzeit von insgesamt 6–7 Stunden sind die Ribs fertig, das Fleisch ist so zart, dass es von den Knochen fällt und trotzdem noch wunderbar saftig ist.

WAGYU-RIBS MIT SIEBEN-PFEFFER-RUB

Rezept für 8 Personen

Hinweis: Das Wagyu 1 Tag vorher marinieren, für das Smoken mind. 6 Stunden einrechnen.

Technik und Equipment: Smoker • Briketts • indirekte Hitze (115–120 °C) • 20 g Holzschips (Kirsche), eingeweicht

Wagyu: 10 g Penjapfeffer • 10 g Sarawakpfeffer • 10 g indischer grüner Pfeffer • 10 g echter roter Pfeffer (aus Kambodscha) • 10 g Kubebenpfeffer (aus Indonesien) • 10 g Tasmanischer Pfeffer • 10 g Szechuanpfeffer • 70 g gemahlenes Steinsalz • 70 g brauner Rohrzucker • 2 Wagyu-Rippen (Chuck Short Ribs, à 2 ½–3 kg) • **Mop:** 60 ml Malzessig • 40 ml Brandy • 30 g Zuckerrübensirup

Wagyu: Alle Pfeffersorten mörsern, mit Salz und Zucker vermischen und über das Fleisch verteilen, kalt stellen und 1 Tag marinieren lassen.

Mop: Alle Zutaten mit 20 ml Wasser gut miteinander vermengen.

Fertigstellen: Die marinierten Rippen am Tag der Zubereitung für ca. 45 Minuten temperieren. Währenddessen den Smoker anheizen und die Kirschholzchips auf die Glut geben. Das Fleisch auf dem Rost platzieren und bei 115–120 °C mindestens 6 Stunden smoken. Nach der Hälfte der Garzeit Holzschips nachlegen und die Ribs mit der süßsauren Marinade moppen. Das Fleisch ist fertig, wenn es eine Kerntemperatur von 90 °C erreicht hat. Das Fleisch vor dem Anschneiden noch rund 5–10 Minuten ruhen lassen.

Beizen

Es gibt mehrere Gründe Fleisch, Fisch oder Gemüse zu beizen, bzw. zu marinieren. Es ist möglich durch Einlegen Geschmack zu verleihen, Eigengeschmack abzumildern oder zu konservieren. Eine trockene Beize, die aus Salz und Gewürzen besteht, macht Fleisch vor dem Garen mürbe, luftgetrockneter Schinken wird mit einer trockenen Beize aromatisiert und haltbar gemacht, genau wie der skandinavische Graved Lachs. Eine nasse Beize aus Buttermilch kann einen Hautgout (Geschmack von zu warm oder zu lange abgehangenem Wild) mindern. Oft wird eine Pökellake in Schinken gespritzt, aus der Aromen in das Fleisch übergehen. Eine sehr bekannte Beize, ist die essighaltige, in die der Sauerbraten tagelang eingelegt wird. Gemüse wird, im Gegensatz zu Fleisch, erst nach dem Garen mit Öl und verschiedenen Aromen mariniert.

GEBEIZTES

FLANKENSTEAK

BACKKARTOFFEL, AUSTERN, SCHMAND
GEBEIZTES FLANENKSTEAK

Rezept für 8 Personen

Hinweis: Die Zubereitung des Fleisches dauert insgesamt 3 Tage.

Technik und Equipment: Kamado-Keramik-Grill • Briketts • direkte Hitze (150 °C) • Gussrost • 10 g Holzchips (Pekannuss), in Wasser eingeweicht

Fleisch: 800 g Flankenstück (Angus-Rind) • 100 g Zucker • 80 g Steinsalz • 20 g Rote-Bete-Granulat • 5 Wacholderbeeren, geröstet und gemörsert • 1 TL Senfsamen • gemahlenes Heu • **Backkartoffel:** 5 große Backkartoffeln • 20 g Salzflocken (Murray River) • Holzkohleöl • **Schmand:** 165 g Schmand • 85 g Buttermilch • 2 g Steinsalz • Limettensaft • 0,2 g Xanthan • 2 Sahnekapseln • **Apfelvinaigrette:** 25 ml Walnussöl • 50 ml Olivenöl • 25 ml Apfelessig • 2 EL Ahornsirup • 1 Prise Salz • **Fertigstellen und Anrichten:** 20 Gillardau-Austern (M4) • 20 Kapuzinerkresseblätter • 5 Gewürzgurken (Basisrezept, s. S. 253) • Kartoffelchips • Backkartoffelpulver

Fleisch: Das Flankenstück trocken tupfen. Aus den restlichen Zutaten (außer dem Heu) eine Marinade herstellen. Diese in das Fleisch reiben, das Ganze vakuumieren und 48 Stunden ziehen lassen. Alternativ das Fleisch auf ein Blech legen, mit Folie abspannen und beschweren (z. B. mit einer gusseisernen Pfanne), damit die Marinade besser in das Fleisch einziehen kann.

Nach dem Marinieren das Fleisch auf einem Gitterrost 20 Minuten lang abtropfen lassen. Im Anschluss das Heu behutsam einreiben und das Fleisch 24 Stunden hängend im Kühlschrank eintrocknen lassen.

Backkartoffel: Den Kamado-Grill mit den Briketts auf ca. 150 °C heizen. Dabei darauf achten, dass Zu- und Abluft jetzt nur zu ca. einem Fünftel geöffnet sind.

Die Kartoffeln mit warmem Wasser abbürsten und direkt mit Salz abreiben. Die eingeweichten Holzchips in der Glut verteilen und die Kartoffeln auf den Gussrost geben. Die Temperatur sollte 1 ½ Stunden konstant auf 150 °C stehen.

Die gegarten Kartoffeln noch heiß schälen, in kleine Riegel (etwa 2 x 2 x 10 cm) schneiden, großzügig mit Holzkohleöl einreiben und auskühlen lassen. Die Kartoffelschalen zurück in den Grill geben und trocken ausbacken, anschließend fein mixen, pulverisieren und bis zur weiteren Verwendung in einem Einmachglas aufbewahren.

Schmand: Alle Zutaten solange mit einem Stabmixer mischen, bis eine Bindung entsteht. Die Masse in einen Siphon füllen und 2 Sahnekapseln einlegen. Bis zum Gebrauch kalt stellen.

Apfelvinaigrette: Öle, Apfelessig und Ahornsirup gut verrühren und mit Salz abschmecken.

Fertigstellen und Anrichten: Die Austern öffnen, das Austernwasser auffangen und zur Seite stellen. Die Bärte entfernen und die Austern bis zur Verwendung im Austernwasser kühl stellen. Die Kapuzinerkresse in Apfelvinaigrette marinieren. Die gepickelten Gurken der Länge nach in Scheiben (ca. 2 x 2 x 8 cm) schneiden. Das Flankenstück der Länge nach gegen die Faser dünn aufschneiden. Die Backkartoffel kurz scharf angrillen oder mit dem Bunsenbrenner abflämmen, anschließend mit ein paar Salzflocken würzen. Dann die Kartoffeln mit den Gurken belegen und Austern sowie Flankenscheiben darauf anrichten. Den Schmandschaum auf die Teller verteilen und mit Kartoffelchips, Backkartoffelpulver und Kresseblättern garnieren.

VOM REIFEN RINDERKAMM

BOUILLON

MIT GEGRILLTEM LAUCH UND KLEINEN KARTOFFELN

Rezept für 8 Personen
Technik und Equipment: Kugelgrill • Holzkohle • direkte Hitze (200 °C) • schwere Pfanne

Gemüse: 8 Stangen junger Lauch • 16 kleine Kartoffeln • 1–2 EL Olivenöl • 125 g Butter • 1 l Bouillon vom reifen Rinderkamm (Basisrezept, s. S. 254) • Salzflocken (Murray River) • Zucker • **Anrichten:** 1 Schale Tahoon-Kresse • Walnussöl

Gemüse: Den Lauch 10 Minuten in gesalzenes und gezuckertes, warmes Wasser legen. Währenddessen die Kartoffeln säubern. Den Lauch aus dem Wasser nehmen, leicht mit Küchenpapier abtupfen, mit wenig Öl marinieren.
Die Kartoffeln mit der Butter in eine Pfanne geben, auf den Grill setzen und ca. 10 Minuten langsam erhitzen, die Pfanne dabei ständig schwenken.
Den Lauch 15 Minuten rundherum schön dunkel grillen; währenddessen die Bouillon erwärmen.
Anrichten: Alles zusammen in tiefen Tellern servieren, mit Salzflocken nachwürzen und mit der Kresse sowie einigen Tropfen Nussöl garnieren.

BISON PASTRAMI

KNOBLAUCHMAYONNAISE UND GESCHMORTES APFELPÜREE

Rezept für 8 Personen
Hinweis: Das Bison 2 Tage vorher marinieren.
Technik und Equipment: Smoker • Briketts • indirekte Hitze (110 °C) • 40 g Holzchips (Hickory)

Bison: 150 g brauner Rohrzucker • 80 g Steinsalz • 50 g Bio-Heu, gemahlen • 25 g schwarzer Knoblauch • 20 g echtes Kakaopulver • 15 g Koriandersamen • 20 g Piment d'Espelette • 1 Bisonhüfte (à 600 g) • **Apfelpüree:** 10 Äpfel (Granny Smith) • Saft von 2 Limetten • Mark von 1 Vanilleschote • 50 ml Ahornsirup • **Fertigstellen und Anrichten:** 1 Knoblauchmayonnaise (Basisrezept, s. S. 253) • 8 Sauerteigbrotchips • 1 Bd. Indianernessel (Goldmelisse) • Salzflocken (Murray River)

Bison: Zucker, Salz, Heu und Gewürze im Mixer pulverisieren. Den Rub ins Fleisch reiben und für 48 Stunden marinieren. Dann die Hüfte bei 110 °C bis zu einer Kerntemperatur von 64 °C smoken (ca. 2 Stunden), aus dem Grill nehmen, abkühlen lassen.
Apfelpüree: Die Äpfel halbieren, die Schnittflächen mit Limettensaft, Vanillemark und Ahornsirup marinieren und am Rand mitgaren, bis sie eine weiche, matschige Konsistenz bekommen. Das Apfelfleisch ausschaben, mit der Küchenmaschine glatt mixen und mit ein wenig Ahornsirup süßen.
Fertigstellen und Anrichten: Das Bisonpastrami dünn aufschneiden, rollen und mit der Knoblauchmayonnaise füllen. Das Apfelpüree auf die Teller verteilen, Brotchips daneben und Bisonpastrami on top setzen. Mit der Indianernessel garnieren. Je nach Geschmack mit ein paar Salzflocken nachwürzen.

STRIPLOIN STEAK
MIT STICKY-FRIED-KAROTTEN

Rezept für 8 Personen
Technik und Equipment: Gasgrill • direkte/indirekte Hitze (200–250°C)

4 Steaks (Striploin US-Beef, à 400 g) • 24 kleine Karotten • 1 EL alter Balsamico • Mark von 1 Tahiti-Vanilleschote • 1 EL Olivenöl (Arbequino) • 150 g Rindertalg (z. B. vom Wagyu) • 100 ml Orangensaft • Cayennepfeffer • brauner Zucker • Salzflocken (Murray River)

Die Steaks 1 Stunde vor der Zubereitung aus der Kühlung holen, salzen, pfeffern und temperieren. Den Gasgrill 15 Minuten vor der Zubereitung aufheizen.

Die Karotten unter fließendem Wasser abbürsten. Das Grün bis auf 1 cm Länge abschneiden. Ein Viertel der Abschnitt klein schneiden und bis zur Verwendung in Eiswasser kühl stellen, das restliche Grün entsorgen.

8 Karotten bei 200 °C direkter Hitze angrillen, bis sie gut Farbe angenommen haben. Dann vom Grill nehmen und mit Salz, Cayennepfeffer, Zucker, Balsamico, Vanillemark und etwas Olivenöl marinieren. Bis zu weiteren Verwendung warm halten.

12 Karotten indirekt bei 200 °C weich grillen, anschließend durch ein Sieb drücken und mit der Hälfte des Rindertalgs sowie Orangensaft zu einem Püree vermengen. Mit Salz und Cayennepfeffer abschmecken.

Die restlichen 4 Karotten zu dünnen Scheibchen aufhobeln und roh mit etwas Salz oder Zucker marinieren. Nach Bedarf mit einem Bunsenbrenner oder einer Lötlampe abflämmen.

Die Steaks von beiden Seiten etwa 3 Minuten direkt angrillen und bei einer Kerntemperatur von 50 °C vom Grill nehmen. Dann bis zur Zielkerntemperatur von 54–55 °C ruhen lassen; nach Gusto den restlichen Rindertalg während der Ruhephase über die Steaks geben.

Zum Anrichten die Steaks halbieren (dabei den Fleischsaft auffangen), auf den Tellern anrichten und mit ein paar Salzflocken würzen. Die marinierten, direkt gegrillten Karotten daneben setzen, mit etwas Karottenpüree ausgarnieren, das geeiste Grün sowie die abgeflämmten Karottenscheibchen obenauf geben. Die restliche Marinade mit Fleischsaft emuligieren und als Sauce angießen.

WAGYU SLIDERS

Slider mit Spiegelei, Roter Bete, Spinat und Senfcreme
Rezept für 8 Personen
Technik und Equipment: Holzkohlegrill • Holzkohle • direkte/indirekte Hitze (200 °C) • Zahnstocher

Senfcreme: 25 g mittelscharfer Senf • je 1 Prise Salz und Zucker • 200 ml Traubenkernöl • **Rote Bete:** 8 Scheiben gebackene Rote Bete • 1 EL alter Balsamico • 2 EL Olivenöl • 1 EL Walnusöl • **Fertigstellen:** 8 kleine Brötchen (à 25 g) • 8 Mini-Wagyu-Patties (à 50 g) • 8 kleine Eier • 1 EL Öl • 50 g jungen Spinat

Senfcreme: Senf, Salz und Zucker verrühren, das Traubenkernöl nach und nach einrühren, bis zur Verwendung kalt stellen.
Rote Bete: Die Rote-Bete-Scheiben mit etwas Balsamico, Oliven- und Walnussöl marinieren und 30 Minuten ziehen lassen
Fertigstellen: Die Brötchen halbieren und mit der Schnittseite für 30 Sekunden auf die indirekte Zone legen, damit sie schön anrösten. Die Patties pro Seite 1–1 ½ Minuten mit direkter Hitze angrillen und anschließend auf die indirekte Zone geben. Bei einer Kerntemperatur von 56 °C sind die Slider gar. Die Eier mit wenig Öl zu Spiegeleiern braten.
Die Slider wie folgt bauen: Einige Blätter jungen Spinat auf die untere Brötchenhälfte setzen, ca. 1 TL Senfcreme darüber verteilen, das Pattie draufsetzen, darüber die Rote-Bete-Scheibe, dann das Spiegelei (ggf. auf die Größe des Patties und der Brötchen anpassen) und mit der oberen Brötchenhälfte abschließen. Zum Fixieren einen Zahnstocher verwenden.

Slider „Big Bacon" mit Bergkäse und Cocktailsauce
Rezept für 8 Personen
Technik und Equipment: Holzkohlegrill • Holzkohle • direkte Hitze (200 °C) • Stahlgrillplatte (V4A) • Zahnstocher

Cocktailsauce: Limettenmayonnaise (Basisrezept, s. S. 253) • 25 g Tomatenmark • 25 g Sahnemeerrettich • 1 TL Cognac • Abrieb von ¼ Bio-Orange • **Fertigstellen:** 1 Zwiebeln • 200 g Speck (ungepöckelt) • 8 kleine Brötchen (à 25 g) • 8 Mini-Wagyu-Patties (à 50 g) • 8 Scheiben Bergkäse (ca. 160 g) • 10 kleine Champignonköpfe • 2 EL Ahornsirup • 50 g Wildkräutersalat • 80 g Barbecuesauce (Basisrezept, s. S. 252) • Salz

Cocktailsauce: Alle Zutaten gut miteinander vermengen.
Fertigstellen: Die Zwiebeln in feine Ringe, den Speck in dünne Scheiben schneiden. Die Brötchen halbieren und mit der Schnittseite für 30 Sekunden auf die indirekte Zone legen, damit sie schön anrösten. Die Patties pro Seite 1–1 ½ Minuten mit direkter Hitze angrillen, nach dem Wenden den Käse auflegen und anbacken lassen. Dafür die Patties ggf. auf der V4A-Platte grillen, damit der Käse nicht in den Grill tropft. Anschließen die Patties auf die indirekte Zone geben. Die Champignonköpfe sowie den Speck ebenfalls angrillen. Die Zwiebelringe mit etwas Salz und Ahornsirup marinieren und mitgrillen. Zwei Champignons in feine Scheiben schneiden.
Die Slider wie folgt bauen: Einige Blätter Wildkräutersalat auf die untere Brötchenhälfte setzen, darauf die Champignonscheiben legen, dann jeweils 1 TL BBQ-Sauce darüber verteilen, das Pattie aufsetzen, darüber die geschmorten Zwiebelringe sowie die Cocktailsauce geben und mit der oberen Brötchenhälfte abschließen. Jeweils einen Champignonkopf auf den Brötchen mit einem Zahnstocher fixieren.

Doppel-Slider mit Gorgonzola, Grilltomate und Brandy-Schalotten
Rezept für 8 Personen
Technik und Equipment: Holzkohlegrill • Holzkohle • direkte Hitze (200 °C) • Stahlgrillplatte (V4A) • Zahnstocher oder Schaschlikspieße

Tomaten: 8 Scheiben Tomaten • 1 EL Ahornsirup • Salz • **Brandy-Schalotten:** 300 g Schalotten • 25 g Tomatenmark • 50 g Brandy • 10 g Senfsamen • Salz • Cayennepfeffer • **Fertigstellen:** 200 g Roquefort • 8 kleine Brötchen (à 25 g) • 16 Mini-Wagyu-Patties (à 50 g) • 80 g Barbecuesauce (Basisrezept, s. S. 252)

Tomaten: Die Tomaten mit Salz würzen, in einer beschichteten Pfanne kräftig anbraten und mit dem Ahornsirup karamellisieren.
Brandy-Schalotten: Die Schalotten schälen, in Ringe schneiden und mit den übrigen Zutaten einkochen.
Fertigstellen: Den Käse in Scheiben schneiden. Die Brötchen halbieren und mit der Schnittseite für 30 Sekunden auf die indirekte Zone legen, damit sie schön anrösten. Die Patties pro Seite 1–1 ½ Minuten mit direkter Hitze angrillen, nach dem Wenden den Käse auflegen, anschließend auf die indirekte Zone geben. Dafür die Patties ggf. auf der V4A-Platte grillen, damit der Käse nicht in den Grill tropft.
Die Slider wie folgt bauen: Die untere Brötchenhälfte mit 1 TL BBQ-Sauce bestreichen, darauf erst einen Käsepattie setzen, dann die gegrillte Tomatenscheibe darüberlegen und den zweiten Käsepattie obenauf geben. Die Brandy-Schalotten darauf verteilen und mit der oberen Brötchenhälfte abschließen. Den Doppeldecker mit einem Zahnstocher oder ggf. mit einem Schaschlikspieß fixieren.

SCHWEINE FLEISCH

Die besten Stücke zum Grillen – Rassen/Länder/Fütterung

Nicht nur in Deutschland ist das Schwein neben dem Rind der wichtigste Fleischlieferant; in ganz Europa wird am häufigsten zu Schweinefleisch gegriffen. Auf dem Grillrost teilt es sich allerdings den Platz mit Rindfleisch. Und das, obwohl die Qualität in puncto Fleischreichtum und Fettgewebe durch Querkreuzungen in der Schweinemasthaltung deutlich nachgelassen hat. Denn mit Aufkommen veränderter Essgewohnheiten nach dem 2. Weltkrieg verschwand nicht nur ein Großteil alter Schweinerassen, sondern ihr fetthaltiges Fleisch gleich mit. Zeitsprung: 60 Jahre später ist der Wunsch nach Schweinefleisch mit Eigengeschmack und akkuratem Fettanteil präsenter denn je.

Weg von den fettfreien Hybriden geht der Trend auf direktem Wege zurück zu ursprünglichen Landschweinrassen mit gesundem Fettanteil im Fleisch, also einer akkuraten intramuskulären Marmorierung. Schon seit einigen Jahren werden Anstrengungen unternommen, einige ausgestorbene Schweinerassen in Europa durch Querkreuzungen zurückzuzüchten, insbesondere auch um einer artgerechteren Haltung der Tiere im Sinne von Nachhaltigkeit und der Slow-Food-Bewegung Rechnung zu tragen. Der Wunsch nach schmackhaftem und würzigem Schweinefleisch, das fernab von industriellen Mastbetrieben genauso produziert wird wie vor einhundert Jahren, ist für viele Züchter jedoch ausschlaggebend.

Auch kann gute Qualität nur dadurch erreicht werden, stimmt Rasse, Herkunft und Aufzucht. Diese „Neuheit" ist langsam, aber sicher auch zu den Verbrauchern durchgedrungen, die sich bisher nur an Fleisch aus Massentierhaltung gütlich gehalten haben. So erlebt gutes Schweinefleisch in diesen Tagen eine Renaissance sowohl in der bürgerlichen Küche als auch in der Spitzengastronomie. Prominenteste Vertreter der alten Rassen mit ordentlichem Fett auf den Rippen sind neben den Ibérico-Schweinen aus Spanien, die Angler Sattelschweine, das Schwäbisch-Hällische Landschwein sowie die Mangalitza Wollschweine, deren dicht gekräuseltes Winterkleid den Anschein erweckt, man hätte ihnen eine Kokosmatte umgeschnallt. Wird es Sommer, lichten sich die haarigen Borsten merklich bis zur fast vollständigen Kahlheit, was Zeichen für eine natürliche und ausgewogene Haltung der Tiere ist, die besser bekannt sind als Fettschweine.

Schweinchenrosa oder kunterbunt wie die „Bunten Bentheimer" sind die Limburger Klosterschweine ebenfalls äußerst anspruchs-

los in der Ernährung und widerstandsfähig gegen Krankheiten und Witterungseinflüsse jeder Art. Das Fleisch der frei laufenden Schweine ist fest und etwas dunkler als das ihrer Artverwandten aus der Intensivmast. Auch hält es aufgrund seiner feinen Marmorierung bedingt durch einen hohen intramuskulären Fettgehalt besonders den Saft und bleibt nach dem Braten zart und saftig, statt auszutrocknen.

Neben allerlei Grillklassikern eignet sich das Fleisch von frei laufenden, artgerecht gezogenen Schweinen auch perfekt für typisch amerikanisches Barbecue, wie z. B. den „Boston Butt", ein Special Cut aus der Schweineschulter mit Nackenanteil, der sich mit den Händen zerpflückt im noch heißen Zustand zu „Pulled Pork" verwandelt. Die Spareribs kommen aus dem oberen Schweinebauch im typischen „St. Louis Cut". Da diesem Schnitt jedoch der untere Rippenteil fehlt, die sogenannten „Rib Tips", sind sie im Gegensatz zu den Loin (Baby) Back Ribs (Kotelettrippchen aus dem Rücken) nicht gebogen und weniger fleischig. Diese werden aus dem oberen Rückenbereich gewonnen und liegen zwischen der Wirbelsäule und den Spareribs. Loin Back Ribs sind fleischiger als Spareribs, aber auch kleiner. Daher auch die Bezeichnung „Baby", was nichts mit dem Alter der Schweine zu tun hat.

Die Alten haben's drauf

Besonders gut schmeckt von alten Schweinerassen das Kachelfleisch, ein fast schon vergessener Cut vom Schlossknochen des Hinterschinkens. Denn in Deutschland wird dieses Stück traditionell für die Wurstherstellung verwendet und gelangt daher äußerst selten in den Verkauf. Zu Unrecht, da das auch Deckelchen oder Fledermaus genannte Stück ähnlich zart wie Filet ist. Entfernt man vor der Zubereitung die Fettschicht, ist es ideal zum Kurzbraten. Bei einem Schinken mit Knochen ist das Kachelfleisch enthalten, bei einem ausgelösten Schinken (also ohne Knochen) nicht mehr.

Ist das Verhältnis von Fett zu Fleisch hoch, sitzt der Speck also nicht nur unter der Schwarte, sondern zieht sich durch das ganze Tier, eignet sich sein Fleisch hervorragend zum Grillen. Denn kommt herkömmliches Schweinefleisch, das für gewöhnlich mit Wasser gestreckt wird, über der Glut ordentlich ins Schwitzen, verdünnisiert sich sein Volumen also um mindestens ein Drittel, hat jenes vom spanischen Ibérico-Schwein bis dato noch kein Fett eingebüßt. Denn im Gegensatz zu den meisten Intensivzuchtras-

DIE WICHTIGSTEN STÜCKE ZUM GRILLEN

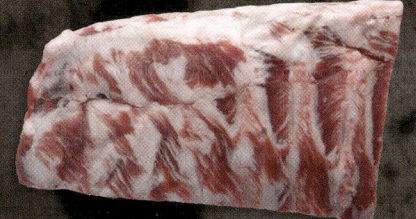

2. Rippchen

2. Karree, Rücken mit Knochen

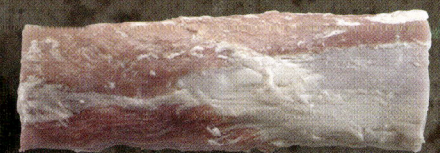

2. Rücken

1. Nackenkotelett

2. Stielkotelett

2. Lendenkotelett

2. Kotelettrippen

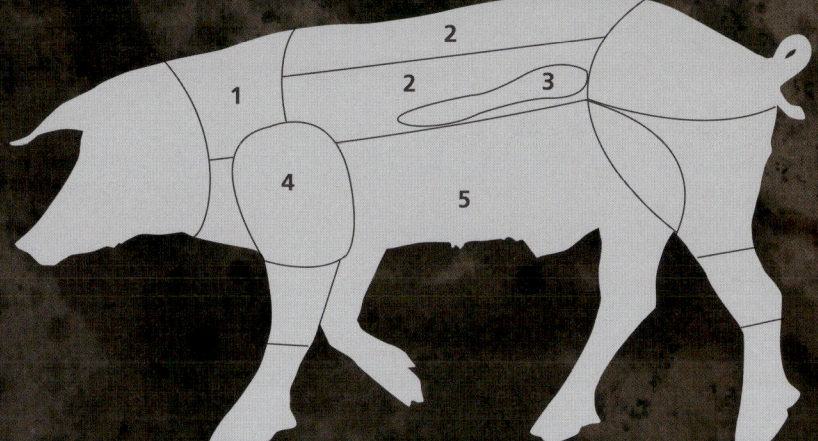

1. Presa/Nackenkern

5. Bauch

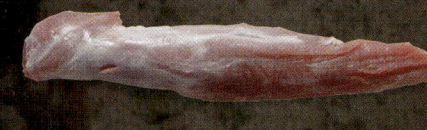

3. Filet

Kerntemperatur bei Schweinefleisch

Produkt	Kerntemperatur	Grilltechnik
Kotelett, fingerdick	55–60 °C	direkte, mittlere Hitze
Schweinefilet	55–60 °C	direkte, mittlere Hitze
Kotelettrippchen Baby Back Ribs	110–125 °C	indirekte, niedrige Hitze
Bratwürste	90–100 °C	direkte, mittlere Hitze

IBÉRICO und GAREN

sen, ist das kräftig rote Fleisch der „Pata Negra" mit feinen Fettäderchen durchzogen. Durch diese Marmorierung bleibt ihr Fleisch auch nach dem Braten herrlich saftig und transportiert einen angenehm würzigen Geschmack, der von Nuss-Aromen begleitet wird.

So heben sich die Ibéricos nicht nur durch ihre Erscheinung klar vom europäischen Durchschnitt ab, sondern auch bei der Wahl ihres Futters, denn neben Kräutern und Gräsern ernähren sie sich im Winter hauptsächlich von Eicheln. Kommt beim ordinären Hausschwein also regelrechter Futterneid am Trog auf, gehen die Pata Negra weitaus pingeliger vor. Beim Auflesen von Eicheln achten sie darauf, Frucht von Schale zu trennen, da diese im Gegensatz zu ihrer kohlenhydrat- und proteinreichen Frucht von Bitterstoffen zersetzt ist. Haben die Ibéricos kurz vor der Schlachtung die sogenannte Montanera-Phase (Zeit der Eichelmast von Ende Oktober bis Ende Februar) durchlaufen, konnten sie aus dem Vollen schöpfen, weil der Boden unter den Stein- und Korkeichen der Dehesa (Eichenhaine) im südwestlichen Spanien mit heruntergefallenen Baumfrüchten übersät war.

Durch die Ernährung mit Eicheln erhält ihr Fleisch ein besonders nussiges Goût und trägt den Zusatz Bellota-Qualität (span. Eichel), aber nur dann, wenn die Tiere in Freilandhaltung gelebt haben und dabei mindestens 30 Prozent Eicheln gefressen haben. Wird die Qualitätsbezeichnung „Ibérico de Bellota" auf der Fleisch- oder Schinkenverpackung nirgendwo erwähnt, haben die Schweine in der Endmast kurz vor Schlachtung kaum Eicheln, aber vorwiegend Getreidefutter erhalten. Dann erhält man Fleisch bzw. Schinken der Qualitätsstufe „Ibérico de Recebo". Das Fleisch der Schwarzfußschweine (Pata Negra), die ausschließlich in Stallmast gehalten, nie auch nur eine Eichel gefressen haben und nur mit Getreide gemästet wurden, bekommt die Qualitätsbezeichnung „Ibérico de Pienso" (Getreide), „de Cebo" (Mast) oder „de Campo" (vom Lande).

Aufgrund ihrer körpereigenen Fähigkeit, Fett intramuskulär einzulagern, eignen sich nicht nur Kotelett und Lummer zum Grillen, sondern auch diverse Nebenschnitte wie etwa die Presa, ein stark mariniertes, rotes Fleisch mit buttrig-nussigem Aroma. Das Stück aus dem Nacken bleibt saftig beim Grillen und kann sogar rosa serviert werden. Das Secreto oder auch Cruceta steht dem in nichts nach. Dieser grobfaserige, fächerförmige Muskel sitzt ver-

steckt im Rückenspeck und gibt sich erst zu erkennen, setzt man den Schnitt längs an. Daher auch die Bezeichnung „Geheimes Filet".

Grillen die meisten Deutschen Bratwurst in allen möglichen Formen, also gekringelt, im Miniformat als Nürnberger oder neuerdings mit Käse gefüllt, favorisieren nicht wenige die typischen Imbissbudengerichte vom Drehspieß wie eben Spießbraten und Haxen, aber auch Rippchen sowie zu meist festlichen Anlässen ein Spanferkel, welches noch mal geadelt wird, ist es von spanischer Geburt. Denn auch ohne Eichelmast ist das Fleisch vom Ibérico Cochinillo hell, saftig und zart, kommt es vom Grill oder als Schmorbraten aus dem Backofen. In jedem Fall sollte die Schwarte vorher rautenförmig eingeschnitten, mariniert und während der Zubereitung immer wieder mit Fett überschöpft werden. So wird die Schwarte eine knusprige Delikatesse. Der Begriff „Spanferkel" hat im Übrigen nichts mit den Holzspänen zu tun, über denen sie zubereitet werden. Denn „spänen" kommt aus dem Altgermanischen und bedeutet „säugen", beschreibt also sehr junge Tiere, die sich noch von Muttermilch ernähren.

Gartechniken, Garzeiten
Perfekt zubereitetes Schweinefleisch sollte zwar schon relativ durchgebraten werden, im Kern jedoch noch rosa sein, also eine Kerntemperatur von 65–70 °C erreicht haben, bevor es verzehrt wird, da Krankheitserreger erst ab dieser Temperatur abgetötet werden. Stammt das Fleisch jedoch aus artgerechter, zurückverfolgbarer Tierhaltung, ist also sichergestellt, dass keine Schadstoffe im Fleisch stecken, kann das Fleisch auch mit einer Kerntemperatur von 55–60 °C verzehrt werden. Bratwürste sind gar nach 20–25 Minuten direkter Hitze mit 230–290 °C, ein fingerdick geschnittenes Kotelett ist nach maximal 8 Minuten (4 Minuten von jeder Seite) bei gleicher Hitzestrahlung auf dem Grill verzehrfertig und ein Schweinefilet benötigt rund 20 Minuten über mittlerer direkter Hitze, um auf den Punkt gegart zu werden. Kotelettrippchen Baby Back Ribs aus dem hinteren Kotelettstrang benötigen 3–4 Stunden bei indirekter niedriger Hitze, also 120–175 °C. Vor dem Grillen eines Koteletts nie den Fettrand abschneiden, sondern nur einschneiden, damit sich das Fleisch auf dem Rost nicht wellt. Auch das jeweilige Stück nicht zu dünn und etwas mehr als fingerdick schneiden (lassen), sonst trocknet es aufgrund des hohen Wassergehalts zu schnell aus. In Ermangelung eigenen Fettes kann man Filet(medaillons) mit Speck ummanteln oder marinieren.

COCHINILLO IBÉRICO

Ibérico-Schwein

Das kleine und flinke Iberische Schwein zeichnet sich selbst unter Schweinen durch einen auffällig langen Rüssel aus. Seine Haut ist dunkelgrau und die Füße sind schwarz, weshalb die Tiere im Spanischen Pata Negra genannt werden, was Schwarzer Fuß bedeutet. Obwohl es ein (Halb)Wildschwein ist, fehlt ihm die sonst typische Behaarung freilebender Borstentiere. Vorrangig in Korkeichen- und Steineichenwäldchen in Andalusien und Extremadura läuft es frei herum und ernährt sich von den Früchten der Bäume, die Schweinehirten mit Stöcken herunterschlagen. Genetisch bedingt baut das Schwein Fett im Muskelfleisch auf, was den berühmten Jamón de Pata Negra in Kombination mit der Eichelmast so schmackhaft macht. Der Schinken ist besonders würzig und weitaus fetter als vergleichbare Produkte.

Cochinillo vom Ibérico-Schwein

Wie es die Bezeichnung Spanferkel (altgermanisch spänen, säugen) schon beschreibt, ernährt sich das Ferkel vom Ibérico-Schwein, das nach sechs Wochen mit rund fünf Kilo Gewicht geschlachtet wird, noch von Muttermilch. Das Fleisch ist saftig und sehr zart. Die Asadores, die spanischen Bratereien, befeuern ihre Steinöfen mit Pinien- oder Eichenholz, das verleiht den typischen Geschmack, und garen das Tier gleichmäßig und knackig goldbraun.

KROSSER BAUCH VOM COCHINILLO IBÉRICO

IN BRÜHE, MIT POIVERADEN UND TRÜFFELKARTOFFELN

Rezept für 8 Personen

Hinweis: Die Brühe mind. 12 Stunden vorher zubereiten, für das Garen des Schweins 3 Stunden einrechnen.

Technik und Equipment: Kugelgrill • Holzkohle • indirekte Hitze (120 °C und 250 °C) • Smoker • direkte/indirekte Hitze (80 °C) • Rotisseur-Spieß

Brühe: 300 g luftgetrockneter Schinkenspeck • 500 g weiße Zwiebeln, küchenfertig • 1 l Bouillon vom Rinderkamm (Basisrezept, s. S. 254) • 4 Thymianzweige • 4 weiße Pfefferkörner • 1 Lorbeerblatt • **Schwein:** 10 g frischer Knoblauch • 10 g gemahlener Kümmel • Abrieb und Saft von 1 unbehandelten Zitrone • 1 Ibérico-Ferkel (Cochinillo) • 20 g Salz • **Einlage:** 4 küchenfertige Poiveraden • 16 kleine Barlettazwiebeln (Perlzwiebeln) • 8 kleine Trüffelkartoffeln • 3 EL Olivenöl • 1 EL Rapsöl • Salzflocken (Murray River)

Brühe: Den Speck angrillen, die Zwiebeln in Streifen schneiden und beides in einen Topf geben, die Bouillon aufkochen und darübergießen, dann die Gewürze hinzufügen. Den Topf mit einem Deckel verschließen und mit ein paar Lagen Frischhaltefolie umwickeln. Dann in einen Smoker stellen und mit indirekter Hitze bei 80 °C 8–12 Stunden garen. Anschließen durch ein Tuch passieren.

Schwein: Den Knoblauch fein hacken, mit Kümmel, Zitronensaft und -abrieb mischen und das Ferkel von innen damit würzen. Aus 1 l Wasser und dem Salz eine Lake herstellen, dazu das Wasser einmal aufkochen und das Salz lösen. Das Schwein auf dem Spieß befestigen und rund 3 Stunden (120 °C) bei langsamen Umdrehungen garen. Zwischendurch immer wieder mit der Wasser-Salz-Lake bepinseln. Anschließend für ca. 25 Minuten bei großer Hitze (250 °C) direkt grillen. Dafür eine weitere Ladung Glut in den Grill geben.

Einlage: Poiveraden und Zwiebeln vierteln; Kartoffeln halbieren, mit einem Parisienneausstecher aushöhlen und 1 Stunde einfrieren. Aus der Kühlung holen und zusammen mit den Poiveraden und den Zwiebeln in Olivenöl anbraten, mit Salzflocken würzen und bissfest garen.

Den gegarten Bauch vom Ferkel auslösen und ggf. noch mal kurz über direkter Hitze angrillen. Dann zu acht gleich großen Teilen portionieren, in tiefe Teller geben, Brühe angießen und das Gemüse einlegen. Nach Bedarf mir Rapsöl verfeinern.

Tipp: Als Beilage passen Kartoffeln, Brot oder Tomatensalat.

GEWÜRZ BRÖTCHEN
VOM HOLZKOHLEGRILL

Rezept für 8 Personen
Hinweis: Der Teig muss 12 Stunden gehen.
Technik und Equipment: Kugelgrill • Briketts • Pizzastein o. Ä. •
indirekte Hitze (200 °C)

Teig: 400 g Weizenmehl (Type 00, Pizzamehl, alternativ Type 405)
• 100 g Buchweizenmehl • 8 g Salz • 30 g Rohrzucker • 1 TL Mys-
terium Libarius (Lebkuchengewürz) • 21 g frische Hefe (½ Würfel)
• 200 ml frisches Schweineblut (beim Metzger vorbestellen) •
2 große Eier • 50 g Schweineschmalz (Zimmertemperatur) •
20 Süßholzstücke (nach Geschmack) • **Fertigstellen:** 1 Eigelb •
100 ml Milch

Teig: Die beiden Mehlsorten, Salz, Zucker und Lebkuchengewürz
vermengen und die Hefe hineinbröseln. Das Blut nach und nach
in den Teig einarbeiten; anschließend mit den Eiern und dem
Schmalz zu einem geschmeidigen Teig verkneten und im Kühlschrank 12 Stunden gehen lassen.
Am nächsten Tag den Teig erneut kräftig durchkneten und wal-
nussgroße Kugeln (à 20 g) abdrehen. Diese nach Belieben auf die
Süßholzstücke spießen und 1 Stunde gehen lassen.
Fertigstellen: Vor dem Backen das Eigelb mit der Milch verquirlen
und die Brötchen damit bepinseln. Die Brötchen 8–10 Minuten
auf dem heißen Pizzastein unter geschlossenem Deckel fertig backen. Direkt vom Grill schmecken die Brötchen am besten und
passen fantastisch zu Smoked Beef oder gegrilltem Wurzelge-
müse.

GEGRILLTES ROGGENBROT MIT KACHELFLEISCH VOM SCHWEIN UND PILZEN

Rezept für 8 Personen
Technik und Equipment: Gas- oder Kugelgrill • Holzkohle • direkte Hitze (ca. 200 °C)

16 Scheiben Bauernbrot • 1 kg Kachelfleisch (Schwein) • 100 g Essiggurken • 100 g marinierte Essigschalotten (Basisrezept, s. S. 252) • 16 Scheiben geräucherter Speck • 200 g gemischte Pilze • 250 g Wildkräuter • 4 EL Olivenöl • 1 EL Balsamico • 200 g Pilzaufstrich (Basisrezept, s. S. 253) • 200 g Pfeffermayonnaise (Basisrezept, s. S. 253) • Salzflocken (Murray River)

Die Brotscheiben schön dunkel und knusprig rösten. Das Kachelfleisch pro Seite ca. 1 Minute scharf angrillen und anschließend ruhen lassen. Die Kerntemperatur im Fleisch sollte bei 56 °C liegen, sodass es innen schön rosa ist. Anschließend mit Salzflocken würzen.
Die Gurken abtropfen lassen und in Scheiben schneiden, die Schalotten ebenfalls leicht abtropfen lassen. Den Speck behutsam auf einer nicht zu heißen Plancha-Grillplatte knusprig ausbraten. Zwei Drittel der Pilze im Fett vom Speck mit anbraten; ggf. noch etwas Öl zugießen und mit Salz würzen.
Die Wildkräuter waschen, trocken tupfen und mundgerecht zupfen. Restliche Pilze fein hobeln, zusammen mit den Wildkräutern in Olivenöl und Balsamico marinieren.
Das Kachelfleisch mit dem Pilzaufstrich auf die Brotscheiben geben und mit ein wenig Wildkräuter-Pilz-Salat krönen. Mit krossem Speck, gegrillten Pilzen, Essigurken und Schalotten ausgarnieren. Obendrauf großzügig Pfeffermayonnaise geben und mit gegrilltem Bauernbrot abschließen.

PORCHETTA
VOM FETTEN BAUCH

LANG GEROLLT

Rezept für 8 Personen
Technik und Equipment: Gasgrill • indirekte Hitze (140 °C) • Rotisseur-Spieß

1 Schweinebauch (mit viel Fett, ca. 2 kg) • 1 Bund Salbei • 2–3 Knoblauchzehen • 2 unbehandelte Zitronen • 50 ml Olivenöl • 100 g Thymianhonig • grobes Meersalz • schwarzer Sarawakpfeffer • Küchengarn, gewässert

Den Schweinebauch mit einem langen, scharfen Messer einmal quer halbieren, aber nicht durchschneiden, und wie ein Buch auseinanderklappen (die Oberfläche wird so verdoppelt).
Die Salbeiblätter von den Stängeln zupfen und grob hacken, den Knoblauch schälen und ebenfalls grob hacken. Die Zitronen waschen, die Schale abreiben und die Hälften auspressen. Salbei, Knoblauch, Zitronenabrieb und -saft auf dem Bauch verteilen, großzügig mit Salz und gemörsertem Pfeffer würzen und schließlich mit Olivenöl beträufeln.

Den Bauch jetzt längs einrollen, sehr straff mit dem gewässerten Küchengarn festschnüren und auf den Spieß stecken. Die Brenner links und rechts vom Fleisch laufen lassen und den Spieß – wenn vorhanden – mittig vor der Infrarotzone platzieren. Den Spieß aufhängen und eine mit Salzwasser gefüllte Aluschale darunter positionieren, damit herabtropfendes Fett nicht in den Grill läuft.
Den Spieß für knapp 2 Stunden bei 140 °C laufen lassen, ab und zu mit dem leicht gesalzenem Wasser bepinseln. Dann alle Brenner aufdrehen (die Infrarotgrillzone zuschalten) und den Bauch für gut 10 Minuten schön Farbe annehmen lassen. Auch die Abstände zum Bepinseln deutlich verkürzen. Das Fleisch wird braun und die Schwarte gratiniert leicht. Zum Schluss den Thymianhonig auf den Bauch streichen und ihn karamellisieren lassen. Den Bauch vor dem Anschneiden noch gut 10 Minuten ruhen lassen.

GREMOLATA

Rezept für ca. 8 Personen
Hinweis: Das Rippchen muss 12 Stunden marinieren.
Technik und Equipment: Kugelgrill • Holzkohle • indirekte Hitze (110 °C)

1,5 kg Back Ribs (Schwein) • 15 g grüner Keralapfeffer • 3 Knoblauchzehen • 25 g Thymian • 50 g glatte Petersilie • Schale von 2 unbehandelten Zitronen • 30 g Steinsalz • 10 brauner Zucker • 125 ml Olivenöl

Die Rippchen auf der Unterseite mit einem Löffelstiel o. Ä. von der Knochenmembran (Silberhaut) befreien. Für die Trockenmarinade den Pfeffer grob zerstoßen, Knoblauch fein hacken, Kräuter von den Stängeln zupfen und ebenfalls fein hacken. Alles zusammen in eine Schüssel geben und zum Schluss mit Salz und Zucker vermengen. Die Rippchen trocken tupfen und großzügig mit der Trockenmarinade bedecken, das Öl einmassieren und die Rippchen dann für 12 Stunden marinieren.
Im Grill die Glut nur auf einer Seite des Kohlerosts schichten, auf die andere Seite eine mit Wasser gefüllte Schale stellen (unter die indirekte Zone). Die Temperatur sollte sich zwischen 100–110 °C einpendeln.
Dann die Rippchen auf den Rost legen und für 4–5 Stunden indirekt grillen. Dabei sollten sie eine Kerntemperatur von 90 °C erreichen. Zum Aromatisieren für eine leichte Rauchnote kann man zu Beginn einige gewässerte Olivenholzspäne auf die Glut legen.

BABY BACK RIBS VOM LIVAR KCBS STYLE

Rezept für 8 Personen
Hinweis: Die Rippchen 12 Stunden vorher marinieren, für das Garen mind. 4 ½ Stunden einrechnen.
Technik und Equipment: Smoker/Kugelgrill • Briketts • indirekte Hitze (110–115 °C) • 80 g gewässerte Holzchips (Apfel) • ggf. ½ Zwiebel

100 g gemahlenes Steinsalz • 50 g brauner Rohrzucker • 35 g Paprikapulver, edelsüß • 25 g Knoblauchgranulat • 5 g Melange Noir (Pfeffermischung) • 5 g Senfsamen • 5 g Selleriesamen • 2 g Cayennepfeffer • 16 Kotelettrippchen (Loin Baby Back Ribs, à 380 g) • 240–480 ml Barbecuesauce (Low & Slow BBQ-Sauce)

Salz, Zucker und Gewürze im Mixer vermahlen. Die Kotelettrippchen auf der Unterseite von der Knochenmembran befreien. Dazu mit einem Löffelstiel oder stumpfen Messer unter die Knochenhaut gehen und diese abziehen. Erst dann die Ribs mit dem Rub ordentlich einreiben und für 12 Stunden im Kühlschrank marinieren.
Den Grill auf Temperatur bringen und gleich zu Beginn eine Handvoll Apfelholzchips auf die Glut geben, optional eine halbierte Zwiebel mit Schale dazu und im Abstand von gut 30 Minuten die restlichen Chips in die Glut geben. Nach 3 ½ Stunden Garzeit die Ribs mit der Barbecuesauce moppen. Dazu diese in einen kleinen Topf füllen, auf dem Grill erwärmen und mit einem Silikonpinsel auf die Ribs streichen. Dadurch werden sie glasiert und bekommen eine tolle Farbe. Für 1 weitere Stunde garen und moppen.

PULLED PORK

Pulled Pork
Wenn eine Schweineschulter oder ein Schweine-
nacken mindestens 24 Stunden in einer würzigen
Marinade zubringt und dann ein Smoker auf niedrige Temperaturen zwischen 100 und 130 °C aufgeheizt wird, kann die Zubereitung von einem nordamerikanischen Barbecueklassiker schon erahnt werden. Das vorbereitete Fleisch wird auf dem Rost platziert und zerfällt nach einer Garzeit von 10–15 Stunden unter ganz leichtem Ziehen (pull) in kleine Stücke. Serviert wird auf Hamburgerbrötchen oder mit
Reis und anderen Beilagen.

PULLED PORK

MIT HOKKAIDO, WIRSING, PILZEN UND MALZ-ESSIG-VINAIGRETTE

Rezept für 8 Personen
Hinweis: Die Vinaigrette 7 Tage vorher zubereiten.
Technik und Equipment: Gas- oder Holzkohlegrill • ggf. Holzkohle • indirekte/direkte Hitze • Dampfkorb mit passendem Topf

Vinaigrette: 100 g Malzessig • 20 g Honig • 10 g Zuckerrübensirup • 5 g Salz • 0,2 g Xanthan • 10 g Melange Noir (Ingo Holand) • 5 g Piment d'Espelette • 5 g Senfsamen • 10 g Zimtrinde • **Wirsing:** ½ Wirsing • 2 Kafir-Limettenblätter • 1 EL Currypulver (Mumbai) • 1–2 EL Limonenöl • Salzflocken (Murray River) • **Pilze:** 400 g gemischte Waldpilze • 1 EL Olivenöl • Salzflocken (Murray River) • **Fertigstellen und Anrichten:** 400 g Kürbispüree (Basisrezept, s. S. 253) • 65 g Pulled Pork (Basisrezept, s. S. 254)

Vinaigrette: Essig, 400 ml Wasser, Honig, Zuckerrübensirup und Salz aufkochen, mit dem Xanthan binden. Wenn der Fond abgebunden ist, mit Melange Noir, Piment d'Espelette, Senfsamen und Zimtrinde in ein WECK-Glas füllen und mit geschlossenem Deckel 7 Tage ziehen lassen.
Wirsing: Den Kohl waschen, entblättern und mundgerecht zupfen, mit Limonenöl sowie etwas Salz marinieren. Einen Topf mit Wasser füllen, Limettenblätter und Currypulver hineingeben, den Wirsing in den Dampfkorb geben, auf den Topf setzen und ca. 15 Minuten im Grill oder auf dem Herd dämpfen.
Pilze: Die eine Hälfte der Pilze roh aufhobeln und mit der Vinaigrette marinieren, die andere Hälfte scharf angrillen, dann mit Olivenöl und Salz würzen.
Fertigstellen und Anrichten: Das Kürbispüree erhitzen, das Pulled Pork mit etwas Vinaigrette marinieren und alles zusammen mit den Pilzen und dem Wirsing anrichten.

PULLED PORK
MIT GRÜNEN ERBSEN

Rezept für 8 Personen
1 Gemüsezwiebel • 2 EL Olivenöl • 50 ml Milch • 100 g Sahne • je
1 Prise Salz und Cayennepfeffer • 250 g Erbsen (TK) • 1 kleines
Bund Radieschen • 100 g Wasabi-Rauke • 500 g Pulled Pork (Basisrezept, s. S. 254) • 50 g BBQ-Perlzwiebeln (Basisrezept, s. S. 252)
• Brotchips • Senfsamen-Vinaigrette (Basisrezept, s. S. 255)

Die Zwiebel schälen, in feine Streifen schneiden und zusammen
mit dem Olivenöl in einem tiefen Topf glasig dünsten. Milch und
Sahne dazugeben und mit Salz und Pfeffer abschmecken.
Die gefrorenen Erbsen in die Zwiebelsahne geben, kurz aufkochen lassen, glatt mixen und durch ein feines Sieb streichen.

Damit die schöne grüne Farbe erhalten bleibt, das Gefäß mit dem
Erbsenpüree in eine mit Eiswasser gefüllte Schüssel stellen und
das Püree kalt rühren.
Die Radieschen hobeln und bis zur Verwendung in Eiswasser aufbewahren. Die Wasabi-Rauke gründlich waschen, trocken schleudern und anschließend mundgerecht zupfen.
Das Pulled Pork erwärmen, die Erbsencreme unter Rühren erhitzen und auf Teller verteilen. Das heiße Pulled Pork obenauf
geben, mit Rauke, Radieschen, BBQ-Perlzwiebeln sowie Brotchips
garnieren und abschließend die Vinaigrette darüber verteilen.

TATAKI VOM IBÉRICO-RÜCKEN
WASSERMELONE, MISO, BUCHENPILZE, HASELNUSS

Rezept für 8 Personen
Technik und Equipment: Holzkohlegrill • Hartholzkohle • direkte Hitze (400 °C) • Gussrost

Fleisch: 700 g Ibérico-Rücken (Mittelstück, Belotta) • 2 EL Sojasauce • 3 EL Olivenöl zzgl. etwas für das Tatar • 2 EL Walnussöl zzgl. etwas für das Tatar • **Melone:** ½ kernlose Wassermelone • Saft von 1 Limette • 2 EL Olivenöl • **Misocreme:** 1 Eigelb • 2 EL helle Misopaste • Saft von 2 Limetten • 1 TL Zucker • 500 ml Traubenkernöl • **Pilze:** 25 g Mizukan (Reisessig) • 25 g brauner Zucker • Abrieb und Saft von ½ Limette • 100 g geputzte Buchenpilze • **Lack:** 75 g Paste von gerösteten Haselnüssen • 15 g Ketjap Manis • **Fertigstellen und Anrichten:** Kornblumen- und Margeritenblüten • geröstete Pinienkerne • Salzflocken (Murray River)

Fleisch: Den Ibérico-Rücken parieren, von allen Sehnen befreien und quadratisch zurechtschneiden. Aus den restlichen Zutaten eine Marinade herstellen und den Rücken darin einlegen (Vakuumieren wäre ideal, sonst Gefrierbeutel); 4 Stunden im Kühlschrank marinieren. Die Abschnitte für ein Tatar in feine Würfel schneiden, mit Salz, einer Prise Zucker, Walnuss- und Olivenöl abschmecken und bis zum Anrichten kühl stellen.

Melone: Die Melone schälen und in ca. 2 cm dicke Scheiben schneiden, anschließend in Limettensaft und Olivenöl im Kühlschrank bis zur Zubereitung marinieren.

Misocreme: Eigelb mit Misopaste, Limettensaft, Zucker und 2 TL Wasser mit dem Stabmixer aufmixen, danach tropfenweise das Öl einmixen, um eine Mayonnaise herzustellen.

Pilze: Mizukan mit Zucker aufkochen und den Limettenabrieb sowie -saft dazugeben. Die Buchenpilze mundgerecht schneiden, Marinade und Pilze bis zum Verzehr kühl stellen.

Lack: Nusspaste und Ketjap Manis mit 10 ml Wasser verrühren.

Fertigstellen und Anrichten: Den Grill ca. 15 Minuten vorher anheizen und darauf achten, dass die Lüftungsschlitze komplett geöffnet sind; das Grillrost sollte ca. 5 cm über der Glut hängen. Das Fleisch aus der Marinade nehmen und über der Glut von jeder Seite ca. 30 Sekunden angrillen (durch die Marinade bräunt das Fleisch sehr stark), abkühlen lassen und anschließend in dünne Scheiben schneiden.

Die Melone ebenfalls über der sehr heißen Glut für ca. 2 Minuten stark angrillen, um schöne Röststoffe zu erzeugen. Jetzt die Pilze für ca. 5 Minuten in der Marinade einlegen.

Den Haselnusslack mit einem Silikonpinsel auf die Teller auftragen. Die Misocreme in einem Streifen über den Teller ziehen. Die Fleischscheiben auf den Tellern anrichten, die Melone, das Tatar und die Buchenpilze neben dem Fleisch platzieren und mit Pinienkernen und Blüten garnieren. Die Fleischscheiben und die Melone mit einigen Salzflocken würzen und servieren.

SCHWEINE KARREE „MAGIC DUST"
MIT SAUER MARINIERTEM KOHL UND BUTTERMILCH

Rezept für 8 Personen
Hinweis: Das Schweinekarree 12 Stunden vorher marinieren.
Technik und Equipment: Kugelgrill • Briketts • indirekte Hitze (160 °C)

Schweinekarree: 150 g brauner Rohrzucker • 100 g Salz • 70 g Paprikapulver, edelsüß • 35 g Zwiebelpulver • 20 g Senfsamen • 6 g weißer Pfeffer • Abrieb von ½ unbehandelten Zitrone • 1 Schweinekarree à 2 kg • 1 frische Chilischote • 1 Schalotte • **Beilagen:** 1 kleiner junger Kohlrabi • 400 g Kohlrabiblätter • 150 g fermentierter Rotkohl • 25 ml Apfelessig • 25 ml Walnussöl • 80 ml Rapsöl • 100 ml Buttermilch • 100 g Crème frâiche • Salzflocken (Murray River) • **Fertigstellen (optional):** 10 g Lauchgrün • 50 g grobes Salz • Pumpernickelbrösel • Chilifäden

Schweinekarree: Zucker, Salz und Gewürze in einer Küchenmaschine fein vermahlen, dann den Zitronenabrieb untermischen. Das Karree mit dem Rub einreiben und 12 Stunden marinieren. Chili und Schalotten klein schneiden und vor dem Grillen direkt auf das Karree legen. Dieses dann bei geschlossenem Deckel mit 160 °C indirekt grillen, bis es eine Kerntemperatur von 60 °C erreicht hat, anschließend ruhen lassen, bis die Temperatur auf 65–70 °C gestiegen ist.

Beilagen: Kohlrabi schälen und fein aufhobeln. Kohlrabiblätter mundgerecht zupfen. Den fermentierten Rotkohl dünn schneiden und alles gemeinsam mit Apfelessig, den beiden Ölen sowie Salzflocken und Saft vom fermentierten Rotkohl miteinander vermischen. Buttermilch und Crème frâiche miteinander verrühren. Den Kohlsalat auf die Teller geben, die Crème-frâiche-Mischung daneben verteilen, je eine Tranche vom Karree daneben setzen, mit Chilifäden ausgarnieren und optional mit 1 Prise Pumpernickelbrösel sowie Lauchsalz vollenden (dazu das fein gehackte Lauchgrün mit dem Salz mixen und ca. 1 Stunde ziehen lassen).

GEGRILLTER APFEL
MIT LUFTGETROCKNETEM BAUCHSPECK

Rezept für 8 Personen
Technik und Equipment: Kugelgrill • Holzkohle • Edelstahlrost • direkte Hitze (250 °C)

2 große Äpfel (Granny Smith) • 6 Thymianzweige • 20 Scheiben luftgetrockneter Bauchspeck • 1 EL Senfsamen • 3 EL Apfelbalsamessig • 8 EL Rapskernöl • brauner Zucker • frisch gemahlener schwarzer Pfeffer

Die Äpfel schälen, das Kerngehäuse mit einem Apfelausstecher entfernen und die Äpfel in acht gleichmäßig große Scheiben schneiden. Den Thymian fein hacken und ein paar Blätter zum Anrichten beiseitelegen. Den Speck aufrollen.
Aus den restlichen Zutaten eine Vinaigrette anrühren und diese pikant mit Pfeffer abschmecken.
Die Äpfel in der Vinaigrette für rund 10 Minuten marinieren. Anschließend sehr heiß angrillen und 4 Minuten pro Seite Farbe annehmen lassen. Die Äpfel direkt vom Grill auf die Teller verteilen und mit der Vinaigrette nappieren. Die Speckröllchen anlegen.

Tipp: Passt toll zu gegrilltem Schwein und Wildgeflügel.

GEFLÜGEL

Die besten Stücke zum Grillen – Rassen/Länder/Fütterung
Es ist nicht so, dass der Geruch einen kaltlässt, der vom Brat-hähnchenstand über den ganzen Supermarktparkplatz weht. Dennoch würde jedem das Hendl im Halse stecken bleiben, macht man sich genauer Gedanken um die Herkunft bzw. Aufzucht der maximal vier Wochen alten Kreaturen, die jetzt dort langsam am Spieß ihre Runden drehen, bis die Haut kross ist. Auch kann man

Hühnerfarmern und Mastbetrieben nicht vorwerfen, per se schlechte Qualität zu produzieren, denn sie passen sich im Grunde genommen nur dem sparsamen deutschen Zeitgeist an. Das Ende vom Lied: Die Qualität kann nur auf der Strecke bleiben und das viel propagierte Landidyll mit glücklichen Hühnern im güldenen Stroh wird zur Farce.

QUALITÄT UND GAREN

Damit Chicken Wings, Hühnerschenkel und sogar ein Bierdosenhähnchen richtig gut schmecken und nicht nur nach einer übermäßigen Prise Grillhähnchengewürz, ist der Verbraucher „gezwungen", auf Qualität zu setzen. Er sollte also ein Hähnchen wählen, das artgerecht aufgewachsen ist. Wie zum Beispiel einige Hühner aus den ostfranzösischen Regionen Bresse und Dombes. Durch die Freilandhaltung von bis zu 4 Monaten und gesunder Ernährung mit Mais, gekochtem Korn und Rahm bekommt ihr Fleisch ein feines, ganz unverwechselbares Aroma, es ist zart, aber fest und herrlich saftig. So ist das Beste vom „König des Bodens" Brust UND Keule. Denn Schwarzfederhühner besitzen ein sehr saftiges und kompaktes Fleisch. Gegen die saftigen Flügel vom „Prince de Dombes" Label Rouge Perlhuhn sehen Chicken Wings vom Mastbroiler blass aus.

Die besonders fettarmen Brustteile des Poulets de Bresse enthalten weniger „trainiertes" Fett als die Keulen. Das Brustfleisch ist daher zarter, trocknet während des Garvorgangs aber schneller aus. Ein Speckmantel zum Beispiel verhindert das Austrocknen. Eingelegt in Marinade eignet es sich hervorragend zum Grillen oder Garen im Backofen.

Nicht wirklich neu, in Deutschland schon fast vergessen, für Franzosen und Italiener jedoch ein Must-Eat zum Fest der Liebe, ist größer als ein Hähnchen, zarter als ein Hahn und saftiger als ein Huhn: ein kastrierter Hahn, ein Kapaun eben, im Französischen Chapon. Damit ein eventueller Streit unter jungen Hähnen gar nicht erst ausbricht, werden sie seit jeher im Alter von ca. 10 Wochen kastriert. Denn der sprichwörtliche Hahn im Korb kann nur einer sein. Das hat gleich mehrere Effekte zur Folge.

Voll beabsichtigt bei der „Kapaunisierung" ist, dass der Quasi-Hahn sich nunmehr ausschließlich dem Fressen widmet und somit langsam, aber sicher an Gewicht zulegt. Wofür nicht zuletzt die gehaltvollen, in Milch getauchten Kügelchen aus Hirsemehl, Butter und Wasser verantwortlich sind. Vom zusätzlichen Milchtrinken rührt die weißliche, nahezu perlmuttfarbene Haut beispielsweise eines AOP (geschützte Herkunftsbezeichnung AOP = Appellation d'Origine Protégée) zertifizierten Chapon de Bresse, dessen Fleisch ausgesprochen zart, saftig und von mildem Geschmack ist – entgegen dem eher zähen des „normalen" Gockels. Nach einem vergleichsweise langen Hühnerleben von mindestens 150 Tagen wiegt der berühmte Masthahn rund 3 Kilo und gibt damit einen richtig schönen Braten ab, z. B. auf dem Kugelgrill mit indirekter Hitze gut 2–3 Stunden gegart.

Gartechniken, Garzeiten
Aufgrund von Salmonellen sowie dem Durchfallerreger Campylobacter, sollte Geflügelfleisch grundsätzlich bis zum Knochen durchgegart werden, das bedeutet eine Kerntemperatur von 75 °C für Brustfleisch und 80–90 °C für Schenkel von Hühnchen, Pute, Gans und Ente. Beim Messen mit einem Fleischthermometer immer darauf achten, dieses in eine fleischreiche Stelle am Stück zu stecken, ohne den Knochen, z. B. im Schenkel zu berühren, da dieser immer heißer als das Fleisch ist.

Die Grillzeit von Hähnchenbrustfilets sowie ausgelösten Schenkeln beträgt 8–12 Minuten bei direkter, mittlerer Hitze, dabei nicht öfter wenden als zweimal. Chicken Wings oder Keulen sind intensiver durchblutet als die zarte Brust, daher ist ihr Fleisch dunkler und benötigt länger, um gar zu werden, also ca. 20 Minuten für die Flügel bei direkter, mittlerer Hitze. Schenkel sind bei indirekter, mittlerer Hitze in 30–40 Minuten fertig. Ein ganzes Hähnchen mit guten 1,5 kg brutzelt in 60–90 Minuten über indirekter, mittlerer Hitze, bis es genießbar ist. Hähnchenstücke oder ganze Tiere vor dem Grillen immer würzen sowie mit Öl einpinseln, da sie sonst austrocknen. Geflügelfleisch ist gar, wenn beim Einstechen oder -schneiden kein rötlicher Saft mehr austritt.

Kerntemperatur bei Geflügel

Produkt	Kerntemperatur	Grilltechnik
Brustfleisch	65 °C	direkte, mittlere Hitze
Schenkel von Huhn, Pute, Gans, Ente	75 °C	direkte, mittlere Hitze
Chicken Wings (Flügel)	50 °C	direkte, mittlere Hitze
Keulen	80 °C	direkte, mittlere Hitze
Hähnchen, ca. 1,5 kg	80 °C	indirekte, mittlere Hitze

SCHNEEHUHN MIT KNOLLENSELLERIE UND APFEL

Rezept für 8 Personen

Technik und Equipment: Kugelgrill • Holzkohle • direkte/indirekte Hitze • Geflügelhalter (alternativ Bierdose) • Express-Grillkohle • feuchtes Zeitungspapier • Ringausstecher (5 und 10 cm ø) • Grilltopf

Knollensellerie: 1 Knollensellerie (ca. 750 g) • Saft von 1 unbehandelten Limette • 150 g Butter • Zucker • Cayennepfeffer • Salzflocken (Murray River) • Salz • **Apfel:** 6 Äpfel (Granny Smith) • ½ TL gehackter Ingwer • 1 Limette • 1 TL Apfelbalsamessig (z. B. „Golden Delicious") • Cayennepfeffer • **Schneehühner:** 2 Schneehühner • 2 TL Traubenkernöl • etwas Geflügeljus (optional) • Salzflocken (Murray River) • **Fertigstellen und Anrichten:** 12 kernlose Trauben • 100 g Walnüsse • 10 g Maltodextrin • 10 g Joghurtpulver (gefriergetrocknet) • 5 g Milchpulver • 1 TL Walnussöl • 3 TL Traubenkernöl • 50 g Pumpernickelkrümel • 1,5 g Salz

Knollensellerie: Den Knollensellerie waschen, in mehrere Lagen feuchtes Zeitungspapier einwickeln und bei geschlossenem Deckel mit 160 °C ca. 2 ½ Stunden indirekt backen (in den letzten 45 Minuten die Äpfel dazugeben, s. u.). Dann aus dem Grill nehmen und auskühlen lassen. Anschließend dünn schälen und in acht Scheiben zu 1 cm Dicke schneiden. Aus diesen zunächst Kreise mit 10 cm Durchmesser ausstechen, dann aus dem Inneren einen 5 cm großen Kreis ausstechen, sodass Ringe entsteht. Diese dann mit etwas Salz, Zucker und Limettensaft marinieren. Die restlichen gegarten Knollensellerieabschnitte zusammen mit der Butter in einem Grilltopf auf dem Rost erwärmen und unter Zuhilfenahme eines Pürierstabs (oder im Thermomix) zu einer glatten Creme mixen. Mit Salz, Cayennepfeffer und etwas Limettensaft abschmecken.

Apfel: Fünf Äpfel schälen, das Kerngehäuse entfernen, grob würfeln, mit dem gehackten Ingwer in eine feuerfeste Form geben und Limettensaft darüber träufeln. Etwa 45 Minuten gemeinsam mit dem Knollensellerie bei geschlossenem Deckel mit 160 °C auf der indirekten Grillzone backen. Die warmen Apfelstückchen zu einer glatten Creme pürieren, mit Cayennepfeffer und etwas Apfelessig abschmecken. Den sechsten Apfel dünn aufhobeln, ggf. das Kerngehäuse ausstechen und für 5 Minuten in Eiswasser geben.

Schneehühner: Die Schneehühner trocken tupfen, ggf. noch vorhandene Federkiele in der Haut ziehen und innen mit Salz einreiben. Anschließend ca. 30 Minuten temperieren. Den Grill auf ca. 100 °C vorheizen. Die Glut dabei separieren (Zwei-Zonen-Glut), um eine direkte und indirekte Grillzone zu schaffen. Zusätzlich kann man bei Bedarf eine mit Wasser gefüllte Aluschale in den Grill (indirekte Zone) stellen. Die Schneehühner auf den Geflügelhalter setzen und brustseitig Richtung Feuer für ca. 20 Minuten garen, vom Grill nehmen und für 15 Minuten ruhen lassen. In dieser Zeit zwei Handvoll Express-Grillkohle auf die vorhandene Glut geben, um diese kurzfristig auf starke Hitze (> 300 °C) zu bringen. Die Brüste der Schneehühner mit dem Traubenkernöl einreiben und die Hühner mit der Brust Richtung Glut für ca. 3 Minuten direkt bräunen. Die Kerntemperatur sollte 56–58 °C betragen.

Fertigstellen und Anrichten: Die Trauben direkt in die Glut legen und für ca. 10 Sekunden schwärzen. Die verbrannte Schale mit Küchenpapier vorsichtig abreiben, halbieren und zur Seite stellen. Walnüsse, Maltodextrin, Joghurtpulver, Milchpulver und Salz mit dem Standmixer mahlen und bis zur Verwendung luftdicht verpacken. Die Knollensellerieringe auf dem sehr heißen Grill zusammen mit den Schneehühnern direkt angrillen, bis sie Farbe annehmen. Die Sellerieringe mit Traubenkernöl und Walnussöl marinieren und auf die Teller geben. Die Apfel- und Selleriecreme ggf. erwärmen und ebenfalls auf die Teller geben. Das Walnusspulver mit den Pumpernickelbröseln auf den Tellern verteilen, die gegarten Schneehuhnbrüste längs aufschneiden, tranchieren, mit Salzflocken würzen und je eine halbe Brust auf die Teller geben. Apfelhobel anlegen und optional mit etwas Geflügeljus vollenden.

Tipp: Die Karkassen (auch die Keulen) werden für dieses Rezept nicht benötigt und eignen sich z. B. für eine Essenz.

DRUMSTICKS VOM MIERAL

Rezept für 8 Personen

Technik und Equipment: Sous-vide-Gerät (65 °C) • Holzkohlegrill • Holzkohle • indirekte Hitze (140 °C) • Holzchips (nach Geschmack, z. B. Hickory), eingeweicht

8 Hühnerkeulen (Mieral), mit Füßen • 200 g Butterschmalz • 240 ml Barbecuesauce (Low & Slow BBQ Sauce) • Chilifäden zum Anrichten • Salzflocken (Murray River)

Die Füße äußerst gründlich säubern, die Keulen häuten und die Fettpölsterchen auf der Haut mit einem scharfen Messer lösen, die Haut unter lauwarmem Wasser abspülen, trocken tupfen und in Scheiben zu einem Päckchen übereinanderlegen und im Gefrierfach oder Froster einfrieren.

Vorsichtig das Fleisch vom Oberschenkel lösen – aber nur vom Oberschenkel! Den freigelegten Knochen vom Gelenk trennen. Das Fleisch vom Unterschenkel, das nach dem Abtrennen des Oberschenkels im optimalen Fall ein wenig über das Kniegelenk hinausragt, sauber um das Kniegelenk formen, sodass es wie ein „Drumstick" aussieht.

Die Drumsticks straff in hitzebeständige Klarsichtfolie wickeln, anschließend vakuumieren und bei 65 °C für 80 Minuten Sous-vide-garen.

Währenddessen die gefrorenen Häute in feine Julienne schneiden, in 170 °C heißem Butterschmalz ausbacken, auf Küchenkrepp abtropfen lassen, mit etwas Salz würzen, beiseitestellen und warm halten.

Den Grill auf 140 °C vorheizen, ein Drittel des Rosts sollte direkt über der Glut liegen und zwei Drittel über der indirekten Fläche. Die fertig gegarten Drumsticks aus dem Wasserbad nehmen, aus Beutel und Folie wickeln, sofort auf der indirekten Zone im Grill platzieren und mit der erwärmten Barbecuesauce bepinseln. Diesen „Mopp-Vorgang" alle 4 Minuten wiederholen Nach 16 Minuten sind die Drumsticks schön glasiert. Während des Grillens kann man einige Hickorychips in die Glut geben, um ein rauchiges Aroma zu bekommen. Die fertigen Drumsticks mit den frittierten Hautstreifen bestreuen und mit einigen Chilifäden garnieren.

HÜHNER

MIT AHORNSIRUP, MILCH, NÜSSEN, BERGAMOTTE

Rezept für 8 Personen

Hinweis: Die Kondensmilch mind. 12 Stunden erhitzen.

Technik und Equipment: Wassersmoker • Briketts • indirekte Hitze (115 °C) • 25 g Holzchips (Apfel), in warmem Wasser eingeweicht • 10 Kunststoffbecher

Kondensmilch: 1 Dose Kondensmilch • 1 ml Bergamotteöl • **Fleisch:** 2 kg Hühnerflügel (Mieral) • 20 ml dunkler Ahornsirup • 5 ml Malzessig • 16 g Salz • 2 g Piment d'Espelette • 15 ml Olivenöl • 5 ml Haselnussöl • **Pinienkernpulver:** 70 g Pinienkerne • 15 ml Olivenöl • 40 g Joghurtpulver • 25 g Maltodextrin • **Haselnussbrot:** 200 g Vollei • 50 g Eigelb • 40 g Haselnusspaste • 40 g Schweineschmalz, warm • 15 g gerösteter Haselnussgrieß • 20 g Mehl • 10 ml Brandy • 2 g Salz • 2 g gemahlener Sarawakpfeffer • 2 Sahnekapseln • **Buttermilchchips:** 400 ml Buttermilch • 10 ml dunkler Ahornsirup • **Ahornsirup:** 50 ml heller Ahornsirup • 5 ml Malzessig • 1 ml Bergamotteöl • **Fertigstellen und Anrichten:** 2 EL Butter • 2 EL Pankomehl • 100 ml Geflügeljus • Margeritenblütenblätter

Kondensmilch: Die Kondensmilchdose für mindestens 12 Stunden bei 75 °C im Wasserbad erhitzen und die eingedickte Milch mit dem Zitrusöl parfümieren.

Fleisch: Die Flügel trocken tupfen, ggf. Federkiele ziehen und vorsichtig mit dem Bunsenbrenner abflämmen. Aus den restlichen Zutaten eine Marinade anrühren, die Flügel einlegen, anschließend kühl stellen.

Den Smoker auf ca.115 °C vorheizen. Die Flügel aus der Marinade nehmen und in den Smoker legen, die Holzchips auf der Glut verteilen, die Temperatur konstant halten. Nach ca. 2 Stunden die Flügel mit der restlichen Marinade einpinseln und weitere 1 ½ Stunden garen. Anschließend das noch warme Fleisch vom Knochen putzen und die Haut aufbewahren. Beides kalt stellen.

Pinienkernpulver: Die Pinienkerne in einer Pfanne mit dem Olivenöl behutsam goldbraun rösten und mit den restlichen Zutaten in einen Standmixer geben und kurz aufmixen. Bis zur Weiterverarbeitung in einer luftdichten Box aufbewahren.

Haselnussbrot: Alle Zutaten mit 30 ml Wasser mit einem Pürierstab zu einem dickflüssigen Teig aufmixen. Durch ein feines Sieb in einen Sahnesiphon gießen, 2 Sahnekapseln einlegen und die Kunststoffbecher halbvoll mit Brotschaum füllen. In der Mikrowelle bei 800 Watt ca. 50 Sekunden backen. Dann die Brote auskühlen lassen, aus den Bechern nehmen und bis zur Weiterverarbeitung in einen luftdichten Behälter geben.

Buttermilchchips: Buttermilch mit Ahornsirup verrühren und 50 ml in einer beschichteten Pfanne langsam verkochen, bis die Milch eine karamellisierende Haut bildet, die man mit einem Spachtel vorsichtig zusammenschaben kann. Diesen Vorgang solange wiederholen, bis die Mischung aufgebraucht ist. Die fertigen Buttermilchchips bis zur Verarbeitung in einer luftdichten Box aufbewahren.

Ahornsirup: Alle Zutaten miteinander verrühren und beiseitestellen.

Fertigstellen und Anrichten: Die Haut der Flügel in feine Streifen schneiden und in der Butter langsam kross ausbraten, gegen Ende das Pankomehl mit anbräunen, alles auf ein Sieb geben und abtropfen lassen. Die Haselnussbrote mundgerecht zerrupfen und warm stellen. Das Fleisch in einem Drittel der Geflügeljus erwärmen und diese dabei sirupartig einkochen. Die Kondensmilch erhitzen und auf die vorgeheizten Teller verteilen. Auf die Kondensmilch die Haselnussbrotstücke setzen, das glasierte Flügelfleisch anlegen und die knusprigen Hautbrösel darüberstreuen. Mit einer Pipette den Ahornsirup verteilen und mit dem Pinienkernpulver sowie den Buttermilchchips und Blütenblättern ausgarnieren. Zum Schluss die restliche Jus angießen.

MOORHUHN
MIT GEBACKENEN BETEN UND BARLETTA-ZWIEBELN

Rezept für 8 Personen

Technik und Equipment: Holzkohlegrill • Holzkohle • direkte Hitze (190 °C) • indirekte Hitze (160 °C) • feuchtes Zeitungspapier

4 Moorhühner • 100 g Barlettazwiebeln (Perlzwiebeln) • 4 Lagen fetter Speck (nicht geräucherter) • 4 Rote Bete • 4 gelbe Bete • 2 EL alter Balsamico • 6 EL Olivenöl • Salz • Zucker

Die Moorhühner innen trocken tupfen und salzen, ggf. vorhandene Federkiele ziehen und dann bei 190 °C direkter Hitze auf eine Kerntemperatur von 50 °C grillen.

Die Zwiebeln schälen und mit dem Speck daneben auf den Rost legen.

Die Beten in feuchtes Zeitungspapier einwickeln und mit indirekter Hitze bei 160 °C für 45–60 Minuten garen. Anschließend schälen und in mundgerechte Stücke schneiden, dann zusammen mit den kleingeschnittenen Zwiebeln, dem Speck sowie Salz, Zucker, altem Balsamico und Olivenöl würzen und einige Minuten ziehen lassen.

Wenn die Moorhühner etwas geruht haben, (die Brust) tranchieren und zusammen mit der Bete-Zwiebel-Mischung sowie frisch gebackenem Brot servieren.

DOVE IN THE BRINE

HAGEBUTTE, HOLUNDERWEIN, ROTE BETE

Rezept für 8 Personen

Hinweis: Die Tauben 2 Tage vorher pökeln.

Technik und Equipment: Holzkohlegrill • Holzkohle • indirekte/direkte Hitze (120 °C, 58 °C und 300 °C) • nasses Zeitungspapier

Tauben: 2 l stilles Mineralwasser • 30 g Pökelsalz (NSP) • 50 g Kastanienhonig • 20 g Salz • 1 TL Senfsamen • 3 Lorbeerblätter • 20 g Rote-Bete-Granulat • 4 Tauben, küchenfertig • **Hagebuttenmark:** 200 g frische Hagebutten, gesäubert • 30 g Muscovadozucker • **Holunderwein:** 250 ml Holunderbeerensaft • 100 ml Spätburgunder • 0,2 g Xanthan • 25 g frische Holunderbeeren • **Fertigstellen und Anrichten:** 2 Rote Bete • 50 g Butter • 2 EL Walnussöl • 1 EL Baroloessig • 1 Handvoll Walnüsse, mild gesalzen und fein gehackt • Salzflocken (Murray River) • Melange Noir (Pfeffermischung)

Tauben: Mineralwasser, Pökelsalz, Honig, Salz, Senfsamen, Lorbeerblätter und Granulat zusammen aufkochen und abkühlen lassen. Die Tauben in die Pökellake einlegen, das Ganze vakuumieren und für 48 Stunden pökeln.

Hagebuttenmark: Einige Hagebutten zum Anrichten beiseitelegen, den Rest mit Wasser und Zucker bei milder Hitze weich ko-chen, die Flüssigkeit um zwei Drittel reduzieren lassen, mit dem Pürierstab mixen und durch ein feines Sieb streichen.

Holunderwein: Holundersaft und Rotwein erhitzen und auf ca. ein Viertel der Flüssigkeit einkochen lassen. Mit etwas Xanthan binden und die Holunderbeeren unterrühren.

Fertigstellen und Anrichten: Die Rote Bete in nasses Zeitungspapier gepackt dicht an der Glut eines Holzkohlefeuers für ca. 60–90 Minuten garen. Anschließend abkühlen lassen, schälen und in mundgerechte Stücke schneiden. Die Butter zerlassen.

Die Tauben aus der Lake nehmen, abtupfen und für ca. 30 Minuten temperieren. Dann indirekt bei 120 °C für 18 Minuten garen, ab und zu mit flüssiger Butter bepinseln und anschließend an einem warmen Ort für 15 Minuten ruhen lassen. Die Zeit dafür nutzen, den Grill mit neuer Kohle sehr hoch aufzuheizen, um die Tauben direkt über der heißen Glut für gut 3 Minuten bei 300 °C zu grillen, dabei nochmals mit Butter bepinseln.

Die Rote-Bete-Stücke erwärmen und mit Walnussöl, Baroloessig und den Salzflocken marinieren. Die Brüste der Tauben auslösen und mit Salzflocken sowie Melange Noir würzen, dann auf die Teller verteilen. Mit Hagebuttenmark, den beiseitegelegten Hagebutten, dem warmen Holunderwein, der Roten Bete und den gehackten Walnüssen anrichten.

ENTE

Rezept für 8 Personen
Technik und Equipment: Gasgrill mit elektrischem Drehspieß • indirekte Hitze (140 °C)

1 effilierte französische Ente (ca. 2 kg) • Salzflocken (Murray River) • Melange Noir (Pfeffermischung)

Die Ente vor der Zubereitung gut 1 Stunde temperieren, dann von innen mit den Salzflocken würzen und anschließend auf den Spieß stecken.
Den Gasgrill auf 140 °C heizen, dafür einen Brenner ganz links und einen Brenner ganz rechts einschalten. In der Mitte bleiben die Brenner aus. Den Rotisseur-Spieß auf kleine Geschwindigkeit stellen und die Ente langsam für 2 ½ Stunden indirekt garen, bis sie eine Kerntemperatur von 78 °C erreicht hat.

Zum Schluss die Ente ca. 20 Minuten direkt grillen, bis ihre Kerntemperatur auf 90 °C gestiegen ist. Dafür die Infrarotbrenner-Funktion dazuschalten. Die Temperatur misst man am besten zwischen Brust und Keule, dabei jedoch darauf achten, dass die Messnadel keinen Knochen berührt, da der Knochen immer heißer als das Fleisch ist.
Ist die Ente fertig, das Tier vom Spieß lösen und für ca. 15 Minuten ruhen lassen, dann tranchieren und mit Salzflocken sowie Melange Noir final würzen.
Als Beilage passen dazu hervorragend die Schwarzwurzeln vom Grill (s. S. 196).

Tipp: Eine Wasserschale direkt unter die Ente stellen, damit das Fett nicht in den Grill tropft. Auch kann man die Ente mit dem Fett-Wasser immer wieder bepinseln.

SPIEDO VON RIND UND GEFLÜGEL

Rezept für 8 Personen
Technik und Equipment: Holzkohlegrill • Holzkohle • direkte Hitze (300 °C) • Gussrost • 8 stabile Stahlspieße

500 g Hereford-Rinderfilet • 1 Bund Salbei • 200 g weiche Butter • 8 Taubenbrüste • 8 Rebhuhnbrüste • 16 Wachtelbrüste • Salz

Filet in 16 dünne Scheiben schneiden, diese salzen, mit Salbei belegen und Butter bestreichen, dann aufrollen.
Die Taubenbrüste von der Haut befreien, dann mit einem scharfen Messer im Schmetterlingsschnitt durchschneiden, also darauf achten, dass die Brüste noch zusammenhängen. Das Fleisch plattieren, mit Salz, Butter und Salbei würzen und ebenfalls aufrollen, sodass man 8 Röllchen mit einem Durchmesser von ca. 4 cm erhält. Mit den Rebhuhnbrüsten genauso verfahren.
In die Wachtelbrüste eine Tasche schneiden und mit Salz, Salbei und Butter füllen. Anschließend die unterschiedlichen Fleischsorten abwechselnd auf die Spieße schieben und diese sehr scharf von allen Seiten für ca. 15 Minuten über direkter Hitze grillen, dann ruhen lassen. Die Zielkerntemperatur beträgt 56 °C.

Rezept für 8 Personen

Technik und Equipment: Wassersmoker • Briketts • indirekte Hitze (120 °C) • 80 g Fruchtholzchips (z. B. Apfel), ca. 40 Minuten in warmem Wasser eingeweicht • Infusionsnadel mit Kanüle

Rub: 20 g Steinsalz • Abrieb von 1 Orange • 1 kl. Bund Thymian • 70 g Rohrzucker • 1 TL Zimt • Mark von 1 Vanilleschote • **Fleisch:** 1 Gans (Gillbachtal, ca. 4,5 kg) • 250 g Butter • Saft von 1 Orange • 10 g Salz

Den Smoker auf 120 °C vorheizen. Alle Zutaten für den Rub vermischen, die Gans sowohl von außen als auch von innen damit würzen und 20 Minuten marinieren lassen.

Währenddessen die Butter in einem Topf auf dem Seitenkocher erhitzen und dabei ständig mit einem Schneebesen aufschlagen, um zu vermeiden, dass sie sich auf dem Boden festsetzt. Durch das Erhitzen karamellisiert der in der Butter enthaltene Milchzucker und gibt ihr damit einen nussähnlichen Geschmack. Nun den Orangensaft dazugeben und weiter mit dem Schneebesen verrühren. Den Topf dann zur Seite stellen, aber warm halten, sodass die Butter sich nicht wieder erhärtet.

Die Gans auf den Grill setzen, darauf achten, dass sich die Temperatur bei 120 °C eingependelt hat, vorsichtig die Hälfte der Apfelchips zur Glut geben und die Gans ca. 1 Stunde garen. Aus 1 l Wasser und dem Salz einen Sud herstellen und beiseitestellen.

Dann die zweite Hälfte der eingeweichten Fruchtholzchips zur Glut geben, die Gans mit der Wasser-Salz-Mischung besprühen (Zerstäuber) und nach rund 5 Minuten die lauwarme Nussbutter in die Brust injizieren. Die Gans dann weitere 2 Stunden garen und immer wieder mit der Wasser-Salz-Mischung besprühen, damit die Haut schön knusprig wird. Nach insgesamt 5–6 Stunden Grillzeit sollte die Gans gar sein und eine Kerntemperatur von 90 °C haben.

GILLBACHGANS
MIT NUSSBUTTERINFUSION

Apfelquitte

Die Quitte (Cydonia oblonga) stammt ursprünglich aus Asien, hat sich aber schon vor Christus in Europa weit verbreitet. Sie zählt zum Untertribus der Kernobstgewächse (Pyrinae) und ist die einzige Pflanzenart der Gattung Cydonia. Anderen Obstbäumen dienen sie oft als Unterlage. Bis zu ihrer Reife, sind die Früchte mit einem graubraunen Flaum überzogen. Es gibt zwei Sortengruppen, die sich in ihrer Form unterscheiden: Birnen- und Apfelquitten. Die einen sind am Fruchtstiel eher länglich geformt, die anderen sind rund wie ein Apfel und gelten als aromatischer, wobei ihr Fruchtfleisch härter und trockener, und daher nicht leicht zu verarbeiten ist. Da beide Quittengruppen in rohem Zustand sehr hart und bitter und somit nicht zum Rohverzehr geeignet sind, werden sie unter anderem zu Marmelade, Kompott, Saft, Gelee oder Likör verarbeitet.

APFELQUITTE

IM SALZTEIG

GÄNSELEBER

QUITTE IM SALZTEIG, BBQ-PERLZWIEBELN

Rezept für 8 Personen
Technik und Equipment: Holzkohlegrill • Holzkohl • direkte Hitze (220 °C und 250 °C) • Gussrost

1 große Apfelquitte • 1 Salzteig ll (Basisrezept, s. S. 254) • 40 g Piemonteser Haselnüsse, geröstet • 200 ml Sahne • 8 Scheiben Gänseleber (à 50 g) • BBQ-Perlzwiebeln (Basisrezept, s. S. 252) • 1 EL alter Balsamico • 1 EL Haselnussöl • 1 EL Arbequina-Olivenöl • Koriandersamen und getrocknetes Honigbrot zum Anrichten • Salzflocken (Murray River)

Die Quitten waschen, trocken tupfen. Den Salzteig ca. 1 cm dick ausrollen und die Quitten darin einpacken. Eine feuerfesten Form mit Backpapier auslegen und die Quitten hineingeben. Bei direkter Hitze etwa 45 Minuten backen, anschließend auskühlen lassen.

Die Haselnüsse mit der Sahne ca. 1 Minute mixen, durch ein feines Nylonsieb passieren und mit Salz abschmecken. Die Gänseleberscheiben mit Salz würzen und von beiden Seiten auf einem Gussrost bei 250 °C ca. 1 Minute angrillen.

Die Salzteighülle aufbrechen, das weiche, innere Fruchtfleisch herauslöffeln und auf die Teller verteilen. Die Leber mit den Perlzwiebeln dazugeben, mit Haselnussmilch, Balsamico und den Ölen marinieren. Mit Salzflocken, Koriander und dem Honigbrot anrichten.

W

ILD

REVIER GRÖSSE

Fleisch von Tieren aus dem Wald (Wildbret) hatte immer schon das gewisse Etwas. Noch bis vor 165 Jahren stand es ausschließlich dem Hochadel an, Jagd auf kapitale Rothirsche, Damwild und Wildschweine zu machen. Daher die Bezeichnung Hochwild. Die weniger Privilegierten aus den niederen Reihen mussten mit Hase, Kanin, Rebhuhn und Fasan Vorlieb nehmen, was gut angemacht sicher ebenso köstlich geschmeckt hat. Allerdings durfte sich das gemeine Volk auch am kleinsten Vertreter der Hirsche gütlich halten, dem Rehwild, welches anno dazumal ebenfalls dem Niederwild zugeordnet war.

Hätten die hohen Herren gewusst, was ihnen entgeht, wäre Rehwild bestimmt auch auf ihren Tafeln gesichtet worden. Denn sein rotbraunes Wildbret ist besonders zart und geschmackvoll. Eine optimale Kombination aus Fleischfülle und Zartheit sowie feinfaserige Struktur der Muskelmasse tritt zum Beispiel bei Jährlingen auf. Grundvoraussetzung für ausgezeichnetes Wildfleisch bedeutet jedoch ein Leben in freier Wildbahn. Das Rehwild nimmt am liebsten Farne, Gräser, Kräuter und Beeren zu sich. Mit dem Wechsel der Jahreszeit ändert sich jedoch ihre Äsung. So kommen im Herbst noch Eicheln, Bucheckern, Kastanien und Pilze hinzu. Das wiederum spiegelt sich später im Gout des Fleisches wider.

Doch Wildbret schmeckt nicht nur gut aus dem Backofen, auch auf dem Grill macht das Fleisch von Reh, Rot- und Damhirsch sowie Wildschwein eine gute Figur. Denn gegrillt schmeckt es himmlisch, erfährt jedoch eine ähnliche Behandlung wie Lammfleisch, da es von Natur aus extrem fettarm ist und daher schnell trocken wird. Als Grillmethode bietet sich die indirekte Hitze an. Eine gängige Methode beim Braten ist auch das Umwickeln mit Speck. Dadurch schützt man das Fleisch und verleiht ihm einen besonders aromatischen Geschmack. Wildfleisch, das bevorzugt zum Schmoren verwendet wird, wie eine Keule oder ein ganzer Rücken, gelingt nur bei indirekter, mittlerer Hitze. Zum Kurzbraten über direkter, mittlerer Hitze sollte man auch nur Fleisch von jungen Tieren wählen, also beispielsweise Medaillons vom Rücken eines Jährlings (Reh) oder eines Frischlings bzw. Überläufers statt von einem älteren Keiler bzw. einer Bache beim Schwarzwild.

Wer mit gegrilltem Wildbret noch keine Erfahrung hat, legt für den Anfang am besten Fleisch vom Schwarzkittel auf den Rost. Denn vom Geschmack her kommt Wildschwein ganz nah dran an das domestizierte Wildschwein, also das gezüchtete Hausschwein und kann genauso zubereitet werden. Das gilt auch für die Grillzeit. Da ihr Fleisch eher magerer ist, sollte es nicht zu lange auf dem Grill liegen, sonst trocknet es aus. Zum Kurzbraten von Wild eignen sich Stücke aus dem Rücken von Reh, Hirsch, Gams oder Wildschwein.

Zum essbaren Wild zählt jedoch nicht nur das sogenannte Haarwild. Es gibt auch einige Federwildarten, die der Klasse nach zwar beim Geflügel einsortiert werden, aufgrund ihrer Nutzung jedoch nicht zum Wirtschaftsgeflügel zählen, sondern zum Wildgeflügel. Klassische Federwildarten aus der Ordnung der Hühnervögel sind Fasan, Rebhuhn, Auerhuhn, Birkhuhn, Perlhuhn, Moorhuhn und Wachtel sowie Wildgans, Wildente, Wildtaube und Schnepfe. Genau wie Haarwild unterliegt auch das Federwild gesetzlichen Jagd- und Schonzeiten und kann daher nur saisonal angeboten werden. Manche Wildvögel wie etwa der Auerhahn sind in ihrem Bestand allerdings derart gefährdet, dass sie ganzjährig geschont werden müssen oder als vom Aussterben bedrohte Vogelart auf der sogenannten „Roten Liste" stehen und damit dem Jagdverbot unterliegen. Diejenigen Arten, deren Bestand zu wünschen übrig lässt, die aber dennoch im Kochtopf landen, stammen aus Aufzuchtstationen und wurden erst kurz vor Beginn der Jagdsaison ausgewildert, wie etwa das Hasel- und Schneehuhn.

Da sie in gleich mehreren Arten weit verbreitet sind, zählen Wildenten aus der Gruppe der Schwimmenten zum beliebtesten Wildgeflügel. Im Vergleich zur Hausente ist ihr Fleisch fettärmer, dafür aber von kräftiger Farbe, würzig und intensiver vom Geschmack. Bei der Zubereitung im Ganzen können Kräuter, Trüffel oder Zitrusfrüchte direkt unter die Haut geschoben werden. Bei Feinschmeckern hochgeschätzt sind junge Enten, die sich mit ihren gräulich-grünen Schwimmhäuten von den gelb-roten älterer Tiere unterscheiden lassen.

WILDBRET ALLER ART

Genau wie das Haarwild wird auch das Wildgeflügel in freier Wildbahn erlegt, was bedeutet, das die Tiere artgerecht aufgewachsen sind und sich natürlich ernährt haben: die Grundvoraussetzung für schmackhaftes Wildbret. Wildgeflügel ist besonders mager, dennoch fest und aromatisch im Geschmack und schmeckt am besten, wenn es am Spieß gegrillt wird, wenn es denn von jungen Tieren stammt.

Früher beim Adel eine beliebte Jagdbeute, gelten Rebhühner bei Gourmets wegen ihrer Eier und ihres würzigen Fleisches als ausgesprochene Delikatesse, obwohl ihre „Karriere" als „Arme-Leute-Essen" begann. Genauso beliebt und vordergründig für Jagdzwecke aus Asien in Schottland und anderen Gebieten Europas im 18. Jahrhundert eingeführt wurde der Fasan. Sein Fleisch ist tiefrot, feinfasrig und von ähnlichem Wildgeschmack wie dem des Rebhuhnes. Daher werden sie gerne für Fonds, Brühen, Suppen und Farcen verwendet. Das prächtig bunte Gefieder haben nur die Hähne, die bei Feinschmeckern höher im Kurs stehen, als Hennen. Streng genommen zählen auch einige Singvögelarten zum essbaren Geflügel, spielen in der heutigen Wildküche jedoch keine Rolle mehr, da sie unter Artenschutz stehen.

Last but not least
Bei allen Fleischsorten, egal ob Rind, Schwein, Geflügel oder Wild, muss man immer im Hinterkopf haben, dass das Stück nach dem Grillen noch ruhen muss und die Temperatur dabei um weitere 3–5 Grad steigt. Daher das Stück lieber ein paar Minuten früher vom Rost nehmen, als später eine Überraschung zu erleben.

Kerntemperatur bei Wild
Für Wildgeflügel gilt die gleiche Kerntemperatur wie für Wirtschaftsgeflügel, also Hühner und Puten (s. S. 121).

Produkt	Kerntemperatur	Grilltechnik
Rehrücken	55–60 °C	direkte/indirekte Hitze
Rehschulter/Blatt	60–65 °C	direkte/indirekte Hitze
Hirschrücken, rosa	55–60 °C	direkte/indirekte Hitze
Hirschmedaillions	60 °C	direkte/indirekte Hitze
Wildschweinbraten	75–78 °C	direkte/indirekte Hitze
Wildschweinfilet, rosa	54–60 °C	direkte/indirekte Hitze
Wildschweinkeule	70 °C	direkte/indirekte Hitze
Kaninchenkeule	65–70 °C	direkte/indirekte Hitze

WILDSCHWEIN

RÜCKEN, KEULE, PULLED PORK VON DER SCHULTER

Rezept für 8 Personen

Hinweis: Die Wildschweinkeule und -schulter 12 Stunden vorher marinieren.

Technik und Equipment: Gasgrill • direkte/indirekte Hitze (160–220 °C) • Wasserschale • 2 Handvoll Holzchips (Rosmarin) • Smoker (110 °C) • Holzchips (Hickory)

Rosa Wildschweinrücken: 1 Wildschweinrücken, ggf. mit Rippenknochen • Salz • Zucker • 2–3 EL Walnussöl • **Wildschweinkeule:** 10 g frischer Rosmarin • 5 g frische Thymianblätter • 75 g glatte Petersilie • 5 g frischer Knoblauch • 20 g Salz • 200 ml Olivenöl • 1 Wildschweinkeule à 3 kg • **Wildschweinschulter:** 10 g Wacholderbeeren • 10 g Sarawakpfeffer • 10 g Piment d'Espelette • 35 g Paprikapulver, edelsüß • 50 g Röstzwiebeln • 30 g Steinsalz • 10 g brauner Zucker • ggf. ein wenig Olivenöl • 1 Wildschweinschulter mit Knochen à 2 kg

Rosa Wildschweinrücken: Den Rücken gründlich von Sehnen befreien und – wenn vorhanden – die Rippenknochen sauber abputzen. 45 Minuten vor dem Grillen temperieren und das Fleisch mit Salz und Zucker marinieren.

Anschließend den Rücken von jeder Seite 3 Minuten über direkter Hitze bei 220 °C grillen, danach für weitere 10 Minuten auf der indirekten Zone fertig garen.

Nach dem Grillen 5 Minuten ruhen lassen, den Rücken dabei ggf. mit ein wenig erwärmtem Walnussöl einpinseln. Die Kerntemperatur im fertig gegarten Rücken sollte 55 °C betragen.

Wildschweinkeule: Die Kräuter und den Knoblauch hacken und mit Salz und Olivenöl zu einem Rub verrühren. Die Wildschweinkeule parieren, mit dem Rub einreiben und 12 Stunden marinieren. Die Keule auf die indirekte Zone legen, eine Wasserschale mit Rosmarinholzchips danebenstellen und 2 ¼ Stunden garen, bis die Keule eine Kerntemperatur von 58 °C erreicht hat. Diese ist an der dicksten Stelle der Keule zu messen, dabei darauf achten, nicht den Knochen zu berühren, da dieser immer heißer als das Umgebungsfleisch ist. Zum Ruhen den Grill ausschalten, den Deckel jedoch geschlossen lassen. Die Keule ist fertig, wenn sie eine Kerntemperatur von 65 °C hat.

Als Beilage passt hervorragend gebackene Rote Bete.

Wildschweinschulter: Gewürze, Zwiebeln, Salz und Zucker in einer Kaffeemühle oder einem Mixer fein zu einem Rub pulverisieren, die Schulter damit einreiben, ggf. ein wenig Olivenöl beigeben und für 12 Stunden ziehen lassen.

Etwa 1 Stunde vor Ende der Marinierzeit den Smoker auf 110 °C vorheizen – je nachdem, welcher Smoker zum Einsatz kommt, dauert das Vorheizen 15–60 Minuten – und die Schulter auf 90 °C Kerntemperatur smoken (pro 100 g Fleisch dauert das etwa 10 Minuten).

Tipp: Die Wildschweinstücke sollten von einem gut halbjährigen Frischling stammen oder einem Überläufer bis zum zweiten Jahr, da Geschmack und Struktur vom Fleisch älterer Tiere, wie Bache oder Keiler, nicht optimal sind. Aufgebrochen sollte die Sau zwischen 25 und 35 kg wiegen.

Hirsch

Die Familie der Hirsche (Cervidae), die zur Ordnung der Paarhufer (Artiodactyla) gehört, umfasst etwa 45 Arten. Geweihe werden nur von den Männchen getragen. Ihr Verbreitungsgebiet umfasst Teile von Europa, Asien, Amerika und das nordwestliche Afrika. Der Mensch führte sie in Australien und Neuseeland ein, wo sich die Fleischproduktion von Rothirschen zu einem erfolgreichen Industriezweig entwickelte. Auch in Deutschland wird meistens das Fleisch vom Rothirsch oder vom Reh zubereitet. Es ist rötlich braun, faserarm, sehr mager und enthält viele Mineralstoffe.

HIRSCH RÜCKEN

HIRSCH RÜCKEN

WEISSE SCHOKOLADE, KAFFEE, PREISELBEEREN, PASTINAKEN UND SCHWEINEBLUT

Rezept für 8 Personen
Technik und Equipment: Gasgrill • direkte/indirekte Hitze (200 °C)

Gratiniermasse: 75 g Pinienkerne • 50 g weiße Schokolade • 250 g weiche Butter • 10 g geröstete Kaffeebohnen, gemahlen • 80 g Pankomehl • 5 g Salz • 2 g Piment d'Espelette • **Toast:** 8 Scheiben Toastbrot • 250 ml Schweineblut • 1 EL Kastanienhonig • 1 Msp. Lebkuchengewürz • Salz • **Fleisch und Fertigstellen:** 1 Hirschrücken • 8 kleine Pastinaken • 2 EL Apfelbalsamico • 2 EL Walnussöl • 4 EL Olivenöl • 120 g Preiselbeeren, kalt gerührt • Blättchen von jungem roten Mangold und Kalbsjus zum Anrichten • Salz • Salzflocken (Murray River)

Gratiniermasse: Die Pinienkerne ohne Fett goldbraun rösten, anschließend hacken, die weiße Schokolade reiben. Die Butter in einer Küchenmaschine aufschlagen und alle Zutaten für die Gratiniermasse unterrühren. Die Masse dann auf ein Backpapier streichen, mit dem Nudelholz 2–5 mm dünn auswalzen, kalt stellen. Hirschrückens zuschneiden und bis zur Verwendung erneut kalt stellen.

Toast: Schweineblut, Kastanienhonig, Lebkuchengewürz und Salz vermengen. Die Toastscheiben damit marinieren und einfrieren.

Fleisch und Fertigstellen: Den Hirschrücken parieren und für ca. 4 Minuten bei 200 °C direkt angrillen, bis eine Kerntemperatur von 35–38 °C erreicht ist. Anschließend etwa 5 Minuten bei 150 °C indirekt auf der Ruhezone bis zu einer Kerntemperatur von 45–48 °C garen. Den Grill nun auf 220 °C heizen. Die Pastinaken gründlich waschen und für 25–45 Minuten indirekt mitbacken.

Die vorbereiteten Gratinierstücke aus dem Kühlschrank nehmen, auf den Hirschrücken legen, das Backpapier abziehen und im Grill mit geschlossenem Deckel gratinieren, bis der Rücken die Zielkerntemperatur von 56 °C erreicht hat.

Die fertig gegarten Pastinaken schälen bzw. abschaben und mit Apfelessig, Walnuss- und Olivenöl sowie Salz marinieren.

Die kalt gerührten Preiselbeeren temperieren, auf die Teller verteilen und die gegrillten Pastinaken obenauf geben. Die marinierten Toastscheiben aus der Kühlung holen, kurz direkt angrillen und dann über den Pastinaken zerpflücken, den gratinierten Hirschrücken anlegen, mit Mangoldblättchen garnieren und ggf. mit ein paar Salzflocken würzen oder mit etwas Kalbsjus verfeinern.

VOM REH

BRIOCHE, GÄNSELEBER, TRÜFFEL

Rezept für 8 Personen

Hinweis: Den Rotkohl 3 Tage vorher vorbereiten.

Technik und Equipment: Holzkohlegrill • Holzkohle • direkte Hitze (220 °C) • Fleischwolf (grobe Scheibe, Nr. 5)

Rotkohl: 500 g Rotkohl • 4 g Salz • 20 ml Ahornsirup • 15 ml Brandy • 20 ml Malzessig • 1 Msp. Piment d'Espelette • 1 Msp. Macispulver (Muskatblüte) • Abrieb von ½ Orange • 50 ml Rapsöl • 1 TL Walnussöl • **Burger-Patty:** 1 kg ausgelöste Rehkeule • 200 g Gänsestopfleber • 100 g roher Schinkenspeck • 15 g Salz • 4 g Sarawakpfeffer • 4 g Lebkuchengewürz • **Champignon-Duxelles:** 350 g braune Champignons • 3 große Schalotten • 25 Ibérico-Schinkenabschnitte • 2 EL Olivenöl • 50 ml Madeira • Salz • frisch gemahlener schwarzer Pfeffer • **Fertigstellen:** 1 Granatapfel • Puderzucker • 8 Brioche-Brötchen (Basisrezept, s. S. 252) • 8 Scheiben Gänsestopfleber (à 50 g) • 80 g Trüffelmayonnaise (Basisrezept, s. S. 253)

Rotkohl: Den Rotkohl fein schneiden, mit den restlichen Zutaten verkneten (die beiden Öle erst ganz zum Schluss zugeben), 3 Tage im Kühlschrank ziehen lassen.

Burger-Patty: Keulenfleisch, Leber und Speck müssen gekühlt verarbeitet werden. Zunächst würfeln, anschließend das Reh gut 1 Minute tumbeln bzw. gut durchkneten, am besten unter Zuhil-fenahme einer Küchenmaschine. Die restlichen Fleischstücke sowie die Gewürze dazugeben, vermischen und alles auf 0 °C temperieren. Die gekühlte Fleischmasse durch den Wolf drehen, aus dem Brät acht Patties formen und bis zur Verwendung kalt stellen.

Champignon-Duxelles: Alle Zutaten fein hacken und in Öl anbraten, Madeira zugießen und verkochen lassen. Mit Salz und Pfeffer abschmecken.

Fertigstellen: Den Granatapfel über einen Brett rollen und dabei andrücken, damit sich die Kerne lösen, halbieren und die Kerne herauslösen. Sorgfältig sämtliche weißen Zwischenhäute entfernen. Kerne mit etwas Puderzucker abschmecken und bis zur Verwendung kalt stellen.

Die Brötchen und die Leberscheiben halbieren, den Rotkohl in ein Sieb geben und abtropfen lassen.

Die Patties von beiden Seiten ca. 4 Minuten grillen, sodass sie eine Kerntemperatur von 60 °C bekommen. Die Leberscheiben auf nur einer Seite salzen und auch nur diese scharf angrillen. Die Brioche-Brötchen je nach Gusto auf der Schnittseite antoasten, die Pilz-Duxelles ggf. erwärmen. Dann das Brötchen wie folgt belegen: Die Unterseite mit Rotkohl, Trüffelmayonnaise, Patty, gegrillter Gänseleber und Pils-Duxelles belegen, die Granatapfelkerne on top. Mit der anderen Brötchenhälfte abschließen.

LAMM
IM SALZTEIG GEBACKEN
NACKEN

Rezept für 8 Personen
Technik und Equipment: Gas- oder Holzkohlegrill • ggf. Holzkohle • indirekte Hitze (200 °C) • Pizzastein

2 Salzteige (Basisrezept I, s. S. 254) • 2 Lammnacken (à 400 g) • 200 g Bio-Bergwiesenheu • Salz • frisch gemahlener schwarzer Sarawakpfeffer

Die Salzteige jeweils 1 cm dünn auf Backpapier ausrollen. Die Nacken sauber parieren, mit Salz und Pfeffer würzen und in das Heu einwickeln. Je einen Nacken jeweils auf eine Hälfte der ausgerollten Teigstücke setzen, das hintere Stück nach vorne umklappen und die Ränder mit den Zacken einer Gabel andrücken.
Den Grill auf Temperatur bringen, die Päckchen vorsichtig auf einen vorgeheizten Pizzastein ziehen, diesen auf die indirekte Zone setzen und den Lammnacken 1 Stunde backen. Dann vom Grill nehmen, den Teig aufbrechen, den Nacken herausnehmen, vom Heu befreien und aufschneiden.

Fisch auf dem Tisch

2012 verzehrte jeder Einwohner in Deutschland 15,2 Kilogramm Fisch, Fischerzeugnisse und Meeresfrüchte. Das ergibt eine Gesamtmenge von 1,2 Millionen Tonnen. Davon stammten 66,3 Prozent aus dem salzigen Wasser der Meere. 21,6 Prozent der verspeisten Wasserbewohner bevölkerte verschiedene Süßgewässer. 12,1 Prozent waren Krebs- und Weichtiere. Den größten Teil der Meeresfische machte der Alaska-Seelachs aus. Dahinter zählen Hering, Lachs, Thunfisch und Pangasius zu den beliebtesten Fischen der Deutschen. Aus ernährungstechnischer Sicht zählt Fisch zu den wertvollen Lebensmitteln. Das Fleisch der Tiere liefert dem menschlichen Körper Lipide, Vitamine, Proteine, Taurin, Mineralstoffe und Spurenelemente.

Fischauswahl

Genauso wie der Einkauf von Fleisch sollte auch die Besorgung von Fisch sehr bewusst getätigt werden. Herkunft, Aufzucht und Fangmethoden sind dabei unbedingt zu berücksichtigen, um den kulinarischen Genuss nicht zu trüben und auch Themen der Nachhaltigkeit nicht außer Acht zu lassen. Ist man sich über beste Grundvoraussetzungen im Klaren, ist es ratsam, sich mit dem Fisch im Speziellen auseinanderzusetzen. Frische steht dabei an allererster Stelle. Denn gerade empfindliche Lebensmittel wie Fisch bergen ein relativ hohes Risiko, sich an ihnen zu vergiften. Ganz zu schweigen von geschmacklichen Enttäuschungen. Ist die Entscheidung auf einen Fisch im Ganzen gefallen, ist die Kontrolle relativ einfach und lässt sich die Güte/Frische anhand von wenigen Merkmalen eindeutig feststellen. Zuerst sollte der Geruch leicht und angenehm an Algen erinnern und auf keinen Fall an Fisch. Weist die Haut einen schönen Glanz und einen wasserklaren Schleim auf, ist das ein gutes Zeichen. Die Augen von einem frischen Fisch sind prall mit einer schwarz-glänzenden Pupille, seine Kiemen sind nicht verschleimt, feucht und von einer leuchtenden, kräftigen Farbe. Bei der Vorlage von einem bereits verarbeiteten Muskelfleisch-Filet ist die Bewertung schon etwas schwieriger, aber nicht unmöglich. Bei genauer Betrachtung sollte sich feststellen lassen, dass das Stück von fester Konsistenz und die Oberfläche elastisch, glatt und glänzend ist. Lässt nur eine dieser Kriterien zu wünschen übrig, ist dringend abzuraten. Trotz genauer Rezeptvorgabe sollte eine andere Fischsorte gewählt werden, die einen besseren Eindruck macht. Die meisten Fischrezepte erlauben diese Einwechslung spielend. Bei der Zubereitung von Fisch und Meeresfrüchten gilt darüber hinaus und generell, dass nach der Zubereitung im Inneren kein glasiger Punkt mehr zu erkennen sein sollte. Einzige Ausnahme ist hierbei Fisch in ausgezeichneter Sushi-Qualität, der ausdrücklich zum Rohverzehr angeboten wird.

Aus dem Wasser auf den Grill

Eine besonders schmackhafte Zubereitungsmethode ist es, Fisch und Meeresfrüchte zu grillen. Das bedeutet nicht nur ein kulinarisches Erlebnis, für viele heißt das auch eine handwerkliche Herausforderung. Zu viele Fische sind schon an zahlreichen Rosten festgeklebt und beim Versuch, sie diesen zu entreißen, einfach in Einzelteile zerfallen. Dem Problem kann schon mit der Auswahl des Grillguts etwas vorgebeugt werden. Fetthaltige Fische wei-

FISCH UND MEERES-FRÜCHTE

Tintenfisch

Im deutschen Küchensprachraum wird zwischen Kalmaren und Kraken unterschieden, wenn Tintenfisch auf der Speisekarte steht. Davon abgesehen, dass beide zur Klasse der essbaren Kopffüßer (Cephalopoda) zählen, ist die Begrifflichkeit von ihrer biologischen Taxonomie relativ losgelöst. Eindeutige Unterscheidungsmerkmal sind Größe und Form. Der Leib, der Kalmare ist spindel- oder kegelförmig und ist seitlich mit zwei dreieckigen Flossen versehen. An ihrem Kopf haben sie zehn relativ dünne Arme, von denen zwei etwas länger sind und als Fangarme fungieren. Handelsübliche Kalmare sind 5–20 Zentimeter lang. Kraken werden dagegen 50 Zentimeter bis 4 Meter lang. Ihr Körper erinnert an einen Beutel, an dem acht Arme mit zahlreichen Saugnäpfen sitzen. Ihr Fleisch erinnert im Geschmack ungefähr an Kalb.

sen eine relativ feste Fleischstruktur auf. Zu der Kategorie der Fettfische zählen zum Beispiel Lachs, Makrele, Thunfisch oder Aal. Doch natürlich machen sich auch alle anderen Fische mit ein bisschen Feingefühl sehr gut auf einem Rost. Ist das Gitter ordentlich heiß und bildet sich auf der Oberfläche des Fischs schnell eine Kruste, ist das Anbacken und der anschließende totale Zerfall fast ausgeschlossen. Kurzweilige hohe Temperaturen verträgt der Fisch im Allgemeinen sehr gut. Zusätzlich bietet sich der Einsatz von Grillklemmen an, die eine glückliche bzw. vollständige Wendung erlauben. Gerade ganze Fische geraten so nicht aus der Form. Das Gelingen ist dann eher eine Frage, deren Antwort im Detail steckt. Während Fleisch am besten eine ganze Nacht in Marinade verbringt, nimmt Fisch besser nur ein Gewürzbad von wenigen Stunden, sonst weicht er auf. Die Tiere sollten, falls sie im

Ganzen gegrillt werden, vorher gut geschuppt und ihrer Flossen entledigt werden. Die Schuppen bestehen, ähnlich wie Gräten, aus Knochensubstanz, sind ungenießbar und würden sich zudem beim Garen von der Haut ablösen. Der Rost kann zusätzlich leicht eingefettet werden, um das Schlimmste zwischen ihm und dem Fisch zu verhindern. Eine ganz sichere und gleichzeitig duftige Variante ist die Verwendung eines Holzbretts, das als Schutzschild und als Aromatisierer funktioniert. Diese Methode ist schon im Kapitel 2 unter dem Stichwort Plank Grilling dargestellt worden und bietet sich nicht nur bei der Zubereitung von Fleisch an. Daneben lässt sich Fisch exzellent auf heißen Steinen garen, die, auf den Rost gesetzt, die Hitze unheimlich gut speichern und gleichmäßig, kontrolliert und schonend abgeben. Außerdem kann Fisch in große Blätter (z. B. Bananenblätter) eingeschlagen werden. In

Taschenkrebs

Der Taschenkrebs (Cancer pagurus) ist eine Krabbe (Brachyura) aus der Ordnung der Zehnfußkrebse (Decapoda). Der ovale Carapax, die harte Bedeckung der oberen Körperseite, ist etwa 20 Zentimeter lang und etwa 30 Zentimeter breit. Der Krebs ist im Ganzen rötlich gefärbt und ernährt sich von anderen Krebstieren, Fischen oder Weichtieren. Er gilt als Delikatesse, der im Ostatlantik und in der Nordsee Fallen gestellt werden oder die mit Trawlern gefangen wird.

den Paketen wird der Fisch regelrecht gedämpft, denn die Blätter geben beim Grillen ihre Feuchtigkeit ins Innere ab und sorgen so für ein perfekt saftiges Ergebnis.

Doch nicht nur Fisch, alle essbaren Meerestiere können auf dem Grill zubereitet werden: Muscheln, Tintenfische und Kalmare, Garnelen, Krabben, Langusten und Hummer. Weiß der Griller einige Dinge zu beachten, stellen diese Wasserbewohner keine Schwierigkeit dar. Krebstiere werden am besten kurz über starker Hitze in ihrer Schale gegrillt und ggf. in einem Sud weiter gegart. Je nach Größe platzieren sich Tintenfische und Kalmare entweder vorgekocht auf dem Rost, um nachträgliche Röstaromen anzunehmen. Die kleinen dieser Arten garen innerhalb von wenigen Minuten über großer, direkter Hitze.

Die Zubereitung von gegrilltem Fisch und gegrillten Meeresfrüchten beschränkt sich genauso wenig wie die von Fleisch auf ein Grillgerät und auf eine Methode. Die Möglichkeiten sind so vielfältig wie unkompliziert und mit ein bisschen Erfahrung ist man schnell über die Sorge von einem angebackenen Fisch auf dem Rost hinaus.

Generell ist es schwierig, die Kerntemperatur von Fisch, die etwa zwischen 50 und 60 °C liegen sollte, zu messen. Am besten ist es, sich an einer ungefähren Richtzeit zu orientieren und dann das Fischfleisch an einer geeigneten dicken Stelle mit einem Messer vorsichtig einzuschneiden. Es sollte nicht mehr glasig sein.

Garzeiten bei Fisch und Meeresfrüchten

Produkt	Garzeit	Grilltechnik
Filet oder Steak vom Fisch, dünn	weniger als 5 Minuten	direkte, starke Hitze
Filet oder Steak vom Fisch, mittel	weniger als 10 Minuten	direkte, starke Hitze
Filet oder Steak vom Fisch, dick	über 10 Minuten	direkte, starke Hitze
Fisch im Ganzen pro 500 g	ca. 15 Minuten	indirekte, mittlere Hitze
Auster, in der geöffneten Schale	ca. 5 Minuten	indirekte, mittlere Hitze
Garnelen, mittlere Größe	ca. 4 Minuten	direkte, starke Hitze
Jakobsmuschel, mittlere Größe	ca. 5 Minuten	direkte, starke Hitze
Hummerschwänze	ca. 10 Minuten	direkte, mittlere Hitze

TASCHENKREBS

CURRY UND GEGRILLTEN APRIKOSEN

Rezepte für 8 Personen

Technik und Equipment: Holzkohlegrill • Holzkohle • indirekte Hitze (80 °C) • 20 g Apfelholzchips, in warmem Wasser eingeweicht • Stahlgrillplatte (V4A)

Taschenkrebse: 4 Gemüsezwiebeln • 2 Fenchelknollen • 500 ml trockener Weißwein • 50 g Salz • 4 große Taschenkrebse • **Karotten:** 150 ml Traubenkernöl • 25 g Currypulver (z. B. Mumbai) • Karotten en Papilotte (Rezept, s. S. 246) • **Fertigstellen:** 4 Aprikosen • Saft von ½ Limette • 150 ml Krebskochfond • 1 Dose Kokoscreme (400 ml) • Saft von ½ Limette • Salz • Cayennepfeffer • Schnittlauchspitzen zum Garnieren

Taschenkrebse: Gemüsezwiebeln und Fenchel grob schneiden, mit 6 l Wasser, Weißwein und Salz aufkochen, vom Herd nehmen und ziehen lassen, bis der Sud erkaltet ist. Durch ein Tuch passieren, mit den Taschenkrebsen in einen Topf geben und erneut aufkochen. Pro 100 g rechnet man 40 Sekunden Garzeit. Die Krebse nach der Garzeit sofort in Eiswasser legen und erkalten lassen. Anschließend aufbrechen und das Fleisch sofort kühl stellen. Das Corail kann man für ein anderes Rezept aufbewahren, z. B. für Beurre de Corail oder zur Verfeinerung von Suppen und Saucen. Den Fond für später beiseitetellen.

Karotten: Das Traubenkernöl erhitzen, das Currypulver darin anrösten und abkühlen lassen. Karotten in 2 cm lange Stücke schneiden, mit etwas Curryöl marinieren und bis zur Verwendung beiseitestellen bzw. temperieren.

Fertigstellen: Die Aprikosen halbieren, entsteinen und mit dem Limettensaft marinieren. Anschließend sehr heiß angrillen, dabei darauf achten, dass die Aprikosen nicht zu matschig werden.

Kochfond und Kokoscreme zusammen aufkochen, mit Salz, Cayennepfeffer und Limettensaft abschmecken.

Apfelholz auf die Glut geben, das ausgebrochene, gekühlte Krebsfleisch mittels V4A-Gitter leicht anräuchern. Darauf achten, dass die Stücke höchstens auf Körpertemperatur erhitzt werden! Andernfalls wird das Fleisch strohig und verliert seinen saftigen Geschmack. Dann zusammen mit den Papilotte-Röllchen und den kleingeschnittenen Aprikosen auf den Tellern anrichten. Den Kokosschaum leicht erwärmen, aufmixen und um die Karotten verteilen, etwas Curryöl angießen und mit Schnittlauchspitzen ausgarnieren.

GEGRILLTE AUSTERN

MIT RETTICH, WASABIMAYONNAISE, MANGO UND KALTEM KOKOSFETT

Rezepte für 8 Personen
Technik und Equipment: Holzkohlegrill • Holzkohle • direkte Hitze (450 °C) • 1 Stahlgitter (V4A) • 1 hitzebeständiges Blech (V4A)

16 Gillardeau-Austern (Nr. 4) • 1 Ochsenherztomate • ½ Thaimango • 80 g Limettenmayonnaise (Basisrezept, s. S. 253) • 20 g Wasabipaste • 150–200 g weißer Rettich • 2 Gewürzgurken (Basisrezept, s. S. 253) • Saft und Abrieb von 1 Limette • 50 g Baiser • 80 g Kokosfett, eiskalt

Die Austern aufbrechen, das Austernwasser auffangen und beides bis zur Verwendung kühl stellen. Ochsenherztomate mit einer Schneidemaschine oder einem sehr scharfen Messer ca. 5 mm dünn aufschneiden und mit dem Austernwasser marinieren.
Die Mango in 16 mundgerechte Stücke schneiden und bis zur Verwendung kalt stellen.

Limettenmayonnaise und Wasabipaste verrühren, in einen Spritzbeutel füllen. Den Rettich dünn aufhobeln oder sehr dünn schneiden und bis zur Verwendung in Eiswasser lagern. Die Gewürzgurken in ca. 2 mm dicke Scheibchen schneiden, das Kerngehäuse ausschaben.
Den Grill auf starke Temperatur bringen, die Austern abtropfen lassen und auf dem V4A-Stahlgitter innerhalb von 25 Sekunden stark angrillen, damit sie eine gute Portion Röststoffe annehmen können. Mit den Mangostückchen ebenso verfahren.
Tomatenscheiben, Gurken und Mangostücke mittig auf dem Teller platzieren. Rettich mit Limettensaft und -abrieb marinieren, auf die Tomate legen. Wasabimayonnaise aufdressieren, Austern daraufgeben und mit Baiserbröseln bestreuen. Das Kokosfett mit einer Microplane-Reibe darüber hobeln und sofort servieren.

GILLARDEAU AUSTER
IM APFELRAUCH MILD GEGART
MIT GRÜNEM SPARGEL UND IBERISCHEM SCHINKEN

Rezept für 8 Personen

Technik und Equipment: Kugelgrill • Holzkohle • indirekte Hitze (160 °C) • 1 hitzebeständiges Blech • 40 g Apfelholzchips, in warmem Wasser eingeweicht

1 kg grobes Meersalz • 24 Gillardeau-Austern (Nr. 4) • 20 Stangen grüner Spargel • 3 EL Olivenöl • 1 Schlangengurke • 1 kl. Bund Koriander • 2 EL Limonen-Olivenöl • 50 g Pankomehl • 1 TL Butter • 1 TL schwarze Kümmelsamen • 80 g Ibérico-Schinken, fein geschnitten • 1 Limette • Limettenmayonnaise (Basisrezept, s. S. 253) • Kümmelsamen • Salzflocken (Murray River)

Das Meersalz auf einem Backblech verteilen, die Austern aufbrechen, von Schalenresten säubern und vorsichtig auf die Salzfläche drücken, sodass sie ein wenig fest sitzen.

Den Spargel waschen, ggf. etwas schälen, 16 Stangen beiseitelegen, die restlichen vier mit einem Sparschäler dünn hobeln, dann mit Salz und etwas Olivenöl marinieren. Die Gurke waschen, halbieren, das Kerngehäuse entfernen und dünn hobeln.

Den Koriander waschen, trocken tupfen und die Blätter von den Stängeln zupfen. Einige Blätter zum Anrichten beiseitelegen, den Rest hacken und zu den Gurkenscheiben geben. Mit Salz und ein wenig Limonen-Olivenöl marinieren.

Den Kugelgrill auf 160 °C vorheizen, die Apfelchips in die Glut geben und anschließend das Blech mit den Austern ca. 5 Minuten mit indirekter Hitze bei geschlossenem Deckel garen. Haben die Austern eine Kerntemperatur von 38 °C erreicht, sind sie gar. Dann das Blech vom Grill nehmen und die Austern für einige Minuten ziehen lassen.

Währenddessen die restlichen Spargelstangen mit dem restlichen Olivenöl sowie Salzflocken marinieren und rundherum scharf angrillen. Das Pankomehl in der Butter anbraten. Spargel mit den lauwarmen Austern, Gurken und Spargelstreifen sowie dem Ibérico-Schinken anrichten.

Mit Limettenscheiben, Limettenmayonnaise, Panko und den aufbewahrten Korianderblättchen ausgarnieren sowie einige Kümmelsamen darüber streuen.

JAKOBSMUSCHELN
PASTINAKEN, RENETTEN

Rezept für ca. 8 Personen
Technik und Equipment: Gasgrill • indirekte/direkte Hitze (250 °C)

8 große Jakobsmuscheln • 16 Scheiben luftgetrockneter Speck •
1 Salbeizweig • 4 kleine Pastinaken • 50 ml Apfelbalsamessig
(z. B. „Golden Delicious") • 150 ml Rapskernöl • 8 kleine Renetten
• Salzflocken (Murray River)

Die Jakobsmuscheln in Speck einwickeln, dabei jeweils einige Sal-
beiblättchen zwischen Muschel und Speck schieben und ggf. mit
einem gewässerten Zahnstocher fixieren.

Die Pastinaken für ca. 30–40 Minuten indirekt weich backen, halbieren, das Fruchtfleisch auslöffeln und mit Apfelbalsamessig
sowie Rapskernöl marinieren. Bis zur Verwendung warm halten.
Die Äpfel waschen, entkernen, mit Öl bepinseln und zusammen
mit den Jakobsmuscheln von beiden Seiten angrillen. Dabei darauf achten, dass die Muscheln im Kern eine Temperatur von
45 °C haben.
Alle Komponenten zusammen auf Tellern anrichten und nach Geschmack mit Salzflocken würzen.

BIRNE IN SCHWEINESCHMALZ GEBRATEN
MIT GAMBA, KREN UND DILL

Rezept für ca. 8 Personen
Technik und Equipment: Gasgrill • direkte Hitze (250 °C) • Plancha-Grillplatte

4 kleine Williams-Birnen • Saft von 1 Limette • 1 TL Zucker •
1 rote Zwiebel • 1 Bund Dill • 100 ml Traubenkernöl • 200 g Crème
fraîche • 1–2 EL frisch geriebener Meerrettich zzgl. etwas zum Anrichten • 50 g Schweineschmalz • 8 küchenfertige Tiefseegarne-
len (Gamba Carabiniera) • Weißbrotbrösel zum Anrichten •
Salzflocken (Murray River)

Die Birnen halbieren und das Kerngehäuse mit einem Kugelaus-
stecher entfernen, mit etwas Limettensaft und Zucker marinieren.
Die Zwiebel halbieren und an der Schnittseite salzen. Einige Dillspitzen zupfen, den Rest mit dem Traubenkernöl mixen und in
einem kleinen Topf aufkochen. Durch ein Sieb in eine auf Eis ste-
hende Schüssel gießen und bis zur Verwendung kalt und dunkel
lagern.
Die Crème fraîche in einer Schüssel mit etwas Salz, Meerrettich
und etwas Limettensaft gut verrühren und kalt stellen.
Die Plancha-Grillplatte auf den Rost stellen und den Gasgrill auf
250 °C vorheizen. Ist die Temperatur erreicht, die marinierten Birnen mit dem Schweineschmalz auf der heißen Grillplatte braten,
bis sie gut gebräunt sind, dann von der Platte heben und am Rand
des Rosts weich garen. Die Zwiebeln ebenfalls auf der Grillplatte
anbraten und zum Weichgaren an den Rand legen.
Die Gambas mit etwas Öl bepinseln und auf der heißen Grillplatte
ca. 30 Sekunden von jeder Seite anbraten.
Die warmen Birnen auf Tellern anrichten, mit Weißbrotbröseln
bestreuen, aus der Zwiebel kleine Segmente lösen, mit Dillöl marinieren, die Gamba anlegen, Crème fraîche abnocken und auf
der Birne anrichten. Mit Dillspitzen und nach Geschmack frischem
Meerrettich vollenden.

GAMBA ROJA

MIT SPARGEL, ERDBEEREN UND VANILLEJOGHURT

Rezept für 8 Personen

Technik und Equipment: Holzkohlegrill • Holzkohle • direkte Hitze (350–450 °C) • 1 hitzebeständiges Blech (V4A)

200 g griechischer Joghurt (10 % Fett) • 80 g Puderzucker • Saft von 2 Limetten • Mark von 1 Tahiti-Vanilleschote • 8 Garnelen (Gamba Roja), ausgebrochen und entdarmt • 2–3 EL Olivenöl • 4 Stangen weißer Spargel • 4 Stangen grüner Spargel • 8 Gariguette-Erdbeeren • Salz • Cayennepfeffer

Den Joghurt mit Puderzucker, Limettensaft und Vanillemark schön glatt rühren und kühl stellen. Die Gambas mit etwas Olivenöl marinieren. Den weißen Spargel schälen, halbieren, mit Salz, Cayennepfeffer sowie Olivenöl marinieren. Den grünen Spargel der Länge nach dünn aufhobeln und ebenfalls marinieren.

Die Erdbeeren waschen, halbieren und die Hälfte davon mit der Schnittseite nach unten auf das V4A-Blech setzen, dies dann auf den Grillrost legen und die Erdbeeren so sehr scharf angrillen. Anschließend zerdrücken und mit Olivenöl marinieren. Die restlichen Erdbeeren mit Salz und Olivenöl marinieren.

Die weißen Spargelstangen sehr stark angrillen. Den gekühlten Joghurt über den Teller streichen, den grünen Spargel sowie die Erdbeeren darauf arrangieren. Weißen Spargel und Erdbeermus dazwischen verteilen. Erst jetzt die Gambas per direkter Hitze stark angrillen und auf eine Kerntemperatur von 46 °C bringen, vom Grill nehmen, aufschneiden und neben den Salat setzen.

Optional kann man die Füße bzw. Fühler der Gamba Roja angrillen und als Chips mit auf den Teller geben.

„YAKITORI" BABYHUMMERSCHWANZ MIT FENCHEL, POMELO, VANILLE

Rezept für 8 Personen

Technik und Equipment: Holzkohlegrill • Holzkohle • direkte Hitze (400 °C) • 8 Holzspieße, gewässert • Holzbrett

1 Fenchelknolle • 25 g Zitronenconfit (Basisrezept, s. S. 255) • Mark von 1 Vanilleschote (Tahiti) • 50 ml Olivenöl • 1 g Koriandersamen • 75 ml Mirin (Reiswein) • 25 g Mizukan (Reisessig) • 8 Hummerschwänze (à 75–100 g) • 80 g Pomelo, in Segmente gezupft • Salzflocken (Murray River)

Den Holzkohlegrill anfeuern, die Glut schüren und auf Wunschtemperatur bringen.

Den Fenchel waschen, das feine Grün abzupfen und bis zur Verwendung in kaltes Wasser legen. Die Knolle sehr fein hobeln, mit dem Zitronenconfit, ein wenig des Vanillemarks und etwas Olivenöl marinieren. Mit Salz abschmecken.

Den Koriander ohne Öl rösten und grob mörsern. Mirin und Mizukan aufkochen, Koriander und das restliche Vanillemark zugeben, vom Herd nehmen und ziehen lassen.

Die Hummerschwänze entdarmen und auf die gewässerten Holzspieße stecken und sehr heiß angrillen. Mit der Mizukan-Mirin-Marinade bepinseln und auf einem Holzbrett gar ziehen lassen, die Zielkerntemperatur liegt bei 50 °C.

Zum Schluss die gegrillten Hummerschwänze mit dem Fenchelsalat und den gezupften Pomelosegmenten anrichten. Mit dem beiseitegestellten Fenchelgrün garnieren und die Spieße lauwarm servieren.

PULPO

PAPRIKA, RADICCHIO UND GRÜNEN MANDELN

Rezept für 8 Personen

Hinweis: Den Pulpo 1 Tag vorher einfrieren.

Technik und Equipment: Kugelgrill • Holzkohle • direkte Hitze (280 °C) • 16 Holzspieße, in warmem Wasser eingeweicht

Pulpo: 1 Pulpo, ca. 2,5 kg • 1 Knoblauchknolle • 4 rote Zwiebeln • ½ Fenchelknolle • 4 Rosmarinzweige • Schale von ½ unbehandelten Zitrone • 10 Sarawak-Pfefferkörner • 10 Koriandersamen • 3 Nelken • 30 g grobes Meersalz • **Gemüse:** je 2 rote, grüne und orange Paprika • 2 unbehandelte Zitronen • 1 kl. Bund Petersilie • 1 Knoblauchzehe • 150 ml Arbequina-Olivenöl • ½ kleiner Radicchio • Salz • **Anrichten:** frische grüne Mandeln • Zitronenconfit (Basisrezept, s. S. 255)

Pulpo: Den frischen Pulpo straff in Klarsichtfolie einwickeln, einfrieren und wieder auftauen. Frischer Pulpo oder Oktopus hat eine kaugummiartige Konsistenz. Durch das Einfrieren wird diese zarter.

In einem großen Topf reichlich Wasser zum Kochen bringen. Die Knoblauchknolle halbieren, Zwiebeln und Knoblauch in der Schale lassen und mit den restlichen Zutaten mitsamt dem Pulpo ins kochende Wasser geben und etwa 40 Minuten köcheln lassen.

Sind die Tentakel des Pulpo von zarter, weicher Konsistenz, ist der Pulpo fertig gegart. Diesen aus dem Sud nehmen und abkühlen lassen. Die Tentakel in mundgerechte Stücke schneiden, die Tube abtrennen und entsorgen.

Gemüse: Paprika im Kugelgrill bei direkter Hitze grillen, bis die Haut dunkel wird. Dann vom Grill holen, kurz abkühlen lassen, vorsichtig die verbrannte Schale entfernen und die Schoten mundgerecht zerteilen.

Die Zitronen waschen, halbieren und in dünne Scheiben schneiden. Dann abwechselnd mit den Pulpostücken auf die Holzspieße stecken und direkt über den heißen Kohlen grillen.

Die Petersilie von den Stängeln zupfen, fein hacken und mit dem in Scheiben geschnittenen Knoblauch und dem Olivenöl eine Marinade herstellen, mit Salz abschmecken. Den Radicchio mundgerecht zupfen und zusammen mit den Paprikastücken in eine große Schüssel geben, mit der Marinade gut vermengen und ziehen lassen.

Anrichten: Auf einem Teller die vom Spieß gezogenen Pulpostückchen mit den Zitronenscheiben, Paprika und Radicchio arrangieren, mit Mandeln und einigen Zitronenzesten ausgarnieren.

DORADE
„IN DER KLEMME" ROYAL

Rezept für 8 Personen
Technik und Equipment: Holzkohlegrill • Holzkohle • indirekte Hitze (220 °C) • Fischklemme

1 kl. Bund Dill • ½ Bund Basilikum • 1 kl. Bund Thymian • Minze • Petersilie • Meersalz • 4 mittelschwere Doraden (ausgenommen) • 2–4 EL Olivenöl • 2 unbehandelte Zitronen • 2–3 frische Knoblauchzehen

Den Grill auf 220 °C vorheizen. Die Kräuter waschen und trocken schleudern oder tupfen. Die Doraden mit einer Fischschere von den Flossen befreien und unter fließendem Wasser schuppen. Die Fische von der Schwanzflosse bis zum Kopf auf beiden Seiten aufschneiden, vorsichtig aufklappen und die Gräten ziehen, das Filet dabei jedoch am Kopf belassen. Mit einem sehr scharfen Filetiermesser die Bauchhöhlen der Fische parieren.

Die Doradenfilets innen mit Salz und Olivenöl würzen. Die Zitronen waschen und in Scheiben schneiden. Den Knoblauch dünn hobeln. Kräuter, Zitronenscheiben und Knoblauch zwischen die Filets schieben. Die Fische in die Grillklemmen einspannen, von außen ebenfalls mit Olivenöl bepinseln und 8–10 Minuten indirekt grillen. Dabei darauf achten, dass die Kerntemperatur an der dicksten Stelle nicht über 48 °C steigt.

Tipp: Die Vorbereitung für die Dorade ist sicher etwas aufwendig, das anschließende Essen ist dafür umso entspannter, da der Fisch praktisch grätenfrei ist. Kräuter und Knoblauch aus der Füllung kann man hacken und mit Olivenöl zu einer Art Salsa verarbeiten und zum Fisch reichen (zügig verbrauchen). Frisches Baguette ist eine hervorragende Ergänzung.

SEEZUNGE
IM SALZTEIG GEBACKEN

SEEZUNGE
IM SALZTEIG GEBACKEN

Rezepte für 8 Personen

Technik und Equipment: Holzkohlegrill • Holzkohle • direkte/indirekte Hitze (200 °C) • Grillplatte/Grillpfanne • Elektrogrill • direkte Hitze (200 °C) • feuerfeste Form

Beilage: 2 rote Ochsenherztomaten • 2 grüne Tomaten • 2 EL Kapern • 100 g Sardellen • 1 Knoblauchzehe • 1–2 große Fenchelknollen mit Grün • 2 EL Olivenöl • Salzflocken (Murray River) • frisch gemahlener schwarzer Pfeffer • **Seezunge:** 1 Salzteig (Basisrezept I, s. S. 254) • 450–500 g Seezunge • **Fertigstellen und Anrichten:** 1 EL Zitronenconfit (Basisrezept, s. S. 255)

Beilage: Tomaten 3 mm dünn aufhobeln oder mit einem sehr scharfen Messer in dünne Scheiben schneiden. Kapern und Sardellen grob hacken, vermengen, Knoblauch fein reiben.
Den Fenchel waschen, das Grün abzupfen und zur Seite legen. Fenchel in 5 mm dicke Scheiben schneiden, möglicherweise zerfällt der Fenchel dabei in seine Segmente, was jedoch nicht schlimm ist. Mit Öl, Salz und Pfeffer marinieren, auf dem Holzkohlegrill in der Grillpfanne braten und Farbe annehmen lassen. Der Fenchel ist gar, wenn er nicht mehr holzig ist. Aus der Pfanne nehmen und mit etwas Kapern, Sardellen, Knoblauch marinieren, auf die Teller verteilen.

Seezunge: Die feuerfeste Form mit Backpapier auslegen. Darüber die Hälfte des Salzteigs ca. 1 cm dick ausbreiten, die noch geschlossene Seezunge darauflegen und mit dem restlichen Salzteig bedecken. Pro 100 g 7–8 Minuten mit direkter Hitze garen, vom Elektrogrill nehmen und ca. 5 Minuten ruhen lassen. Anschließend den Salzteig vorsichtig aufbrechen.

Fertigstellen und Anrichten: Die Seezunge filetieren, auf dem Fenchel anrichten, die Tomaten daraufsetzen, mit restlichen Kapern, Sardellen und dem Zitronenconfit ausgarnieren und mit gezupftem Fenchelgrün abschließen.

Tipp: Dieses Rezept kann auf alle anderen Plattfische angewendet werden, wie etwa Steinbutt, Scholle oder Flunder.

THUNFISCH
VOM HEISSEN STEIN

BAUCH

Rezept für 8 Personen
Technik und Equipment: Gas- oder Holzkohlegrill • ggf. Holzkohle
• direkte Hitze (220–250 °C) • 8 mittelschwere Findlinge

½ Bund Schnittlauch • 8 Stücke Thunfischbauch (à 50 g) • 80 g
Saiblingskaviar • 4 Scheiben Ibérico-Schinken

Die Steine gleich zu Beginn auf den Rost des noch kalten Grills
legen, auf keinen Fall in den bereits heißen Grill, denn dann würden die Steine springen! Daher den Grill nur langsam (soweit das
möglich ist) auf Temperatur bringen (220–250 °C). Um auf die benötigte Temperatur zu kommen, benötigen die Steine eine Grillzeit von 45–60 Minuten.

Den Schnittlauch fein hacken und beiseitestellen. Die Haut des
Thunfischbauches entfernen, den Speck jedoch an der Haut belassen und damit die heißen Steine abreiben. Dann die kalten
Thunfischstücke auf die zuvor eingefettete Seite des heißen
Steins legen und langsam anbraten lassen. Auf die kalte Ober-
seite des Bauchstücks mit der Spritztüte jeweils ca. 10 g Saiblingskaviar und darauf etwas Schnittlauch geben.
Den Ibérico-Schinken halbieren, kross auslassen und ebenfalls auf
den Thunfischstücken anrichten. Den Fisch nicht zu lange auf dem
heißen Stein liegen lassen, da er sonst komplett durchgart.

Lachs

Verschiedene Gattungen aus der Familie der Lachsfische (Salmonidae) zählen zu den Lachsen. Die Gattungen Salmo, zu denen der Atlantische Lachs (Salmo salar) und die pazifischen Lachse (Oncorhynchus) gehören, wandern zur Laichzeit in die Süßgewässer aus denen sie stammen und passen sich dabei spielend an die unterschiedlichen Salzkonzentrationen an. Die meisten Lachse, die verzehrt werden, stammen aus norwegischer oder chilenischer Aquakultur oder sind Wildfang aus Alaska.

LACHS

GERÄUCHERTER LACHS

ROSINENBRÖTCHEN, POMELO UND MISO

Rezept für 8 Personen
Technik und Equipment: Kugelgrill • Holzkohle • indirekte Hitze (85 °C) • 1 Aromabrett (Zedernholz) • 30 g Zimtrinde

800 g Sockeye Wildlachs (Mittelstück, ohne Haut und Gräten) • 1 Rosinenbrötchen • 1 Hass-Avocado, nicht zu reif • 1 TL Olivenöl • ¼ Pomelo • 1 Misomayonnaise (Basisrezept, s. S. 253) • 50 g geröstete Erdnüsse • Salzflocken (Murray River)

Das Zedernholzbrett und die Zimtrinde separat etwa 45 Minuten in lauwarmem Wasser einweichen. Den Grill anheizen und die anfänglich starke Hitze nutzen, um das Zedernholzbrett zu toasten, danach den Grill auf 85–90 °C einregulieren.
Den Lachs mit der Hautseite nach unten auf das Zedernholzbrett legen und beides auf dem Grillrost platzieren. Die Zimtrinde zur Glut geben, die Luftregler im Deckel und selbigen schließen, den unteren Luftregler jedoch zu einem Drittel geöffnet lassen.
Dann den Lachs innerhalb von 30 Minuten auf eine Kerntemperatur von 40 °C räuchern und vom Grill nehmen.
Das Rosinenbrötchen in kleine Stückchen zupfen und diese auf dem Grill leicht anrösten. Die Avocado schälen, in mundgerechte Stücke schneiden und scharf angrillen; ggf. mit einem Bunsenbrenner abflämmen, mit Salz würzen und etwas Olivenöl marinieren.
Die äußere Membran der Pomelo entfernen und vorsichtig in die einzelnen Segmente zerteilen.
Den warmen Lachs vorsichtig portionieren und mit den Rosinenbrötchen, Avocado und Pomelosegmenten auf einem Teller anrichten, mit Misomayonnaise und Erdnüssen vollenden.

SAFT VON KNOLLENSELLERIE MIT HASELNUSSFLAN

TATAR VOM BALIKLACHS UND GRÜNE BANANEN

Rezept für 8 Personen

Technik und Equipment: Kugelgrill • Holzkohle • direkte/indirekte Hitze (140 °C) • 50 g Holzchips (Apfel), eingeweicht • 1 Frischhaltebox (16 x 22 cm)

Knollensellerie: 2 große Knollensellerie • 8 Wacholderbeeren • 0,2 g Xanthan • **Haselnussflan:** 250 g frische Haselnüsse, geschält • 400 ml stilles Mineralwasser • 300 g Sahne • 1 EL Haselnusslikör • 6 g Agar-Agar • 30 ml Ketjap Manis • Salz • Cayennepfeffer • **Lachstatar:** 1 kl. Bund Schnittlauch • 400 g Baliklachs • 1–2 EL Arbequina-Olivenöl • **Fertigstellen und Anrichten:** 2 Limetten • 1 kleine unreife Baby-Banane • Haselnussöl • ein wenig gebackenes Krabbenbrot

Knollensellerie: Den Rost abnehmen und zur Seite legen. Den Grill mit Holzkohle anheizen, den Garraum auf ca. 140 °C bringen.
Den Knollensellerie schälen, waschen, halbieren und jede Hälfte achteln. Eingeweichtes Apfelholz und Wacholderbeeren vorsichtig in der Glut platzieren. Den Grillrost auf den Grill legen und die Selleriestücke über dem indirekten Bereich verteilen, den Deckel schließen und die Lüftungsregler auf ein nötiges Minimum öffnen. Die Sellerieschnitzen je nach gewünschter Intensität 20–30 Minuten räuchern, danach sofort entsaften, den Saft aufkochen, durch ein feines Sieb passieren und leicht mit etwas Xanthan binden.

Haselnussflan: Die Haselnusskerne mit dem stillen Wasser und der Sahne in einem Standmixer ca. 5 Minuten mixen und durch ein feines Sieb passieren. 500 ml von der gewonnen Haselnussmilch mit etwas Haselnusslikör, Salz und Cayennepfeffer abschmecken, aufkochen und mit Agar-Agar abbinden. Durch ein feines Nylonsieb in die Frischhaltebox seien und kurz vor dem Gelieren Ketjap Manis zugeben. Die Sojasauce verteilt sich am Boden der Form und gibt dem Gelee eine Karamellflanoptik. Den Flan auskühlen und komplett gelieren lassen.

Lachstatar: Den Schnittlauch fein schneiden und ein paar Spitzen als Garnitur in Eiswasser beiseitestellen. Das Balikfilet zu einem feinen Tatar schneiden und mit Schnittlauch sowie Olivenöl verfeinern. Bis zur Verwendung kühl stellen.

Fertigstellen und Anrichten: Eine Limette waschen, die Schale abreiben und die Hälften auspressen. Die Baby-Banane fein hobeln und mit dem Limettensaft, dem Abrieb und ein wenig Haselnussöl marinieren.
Den Haselnussflan auf ein Brett stürzen und mit einer runden Form (5 cm ø) vier Flanzylinder ausstechen. Diese vorsichtig auf einen Teller setzen und mit der Resttemperatur des Holzkohlegrills auf ca. 40 °C temperieren. Dafür den Teller mit dem Flan auf die indirekte Zone des Grillrosts setzen und den Deckel schließen. Den Sud vom geräucherten Knollensellerie leicht erwärmen. Das Tatar mit dem Abrieb der zweiten Limette abschmecken, halbkreisförmig auf acht tiefe Teller verteilen und Zimmertemperatur annehmen lassen.
Die erwärmten Flanzylinder halbieren und je einen Halbmond gegenüber dem Tatar auf die Teller setzen. Den lauwarmen Knollenselleriesud in die Mitte gießen und mit ein paar Tropfen Haselnussöl verfeinern. Mit den marinierten Bananenscheiben, etwas Krabbenbrot und den Schnittlauchspitzen vollenden.

GRILL GEMÜSE

Gemüse auf dem Grill

Wer denkt, dass nur Fleisch auf dem Grill was kann, irrt gewaltig. Auch gegrilltes Gemüse ist eine schöne Fleisch-Alternative – nicht nur für Vegetarier. Es schmeckt ultralecker, sogar süß, da durch die Hitze der pflanzeneigene Zucker des jeweiligen Gewächses karamellisiert. Paprika, Peperoni, Zucchini, Auberginen, Möhren, Kürbis, Fenchel, Kartoffeln, Champignons, (Lauch)Zwiebeln und Mais, um nur einige zu nennen, werden einfach auf den leicht mit Olivenöl eingeriebenen Grillrost gelegt und bei direkter Hitze und mehrmaligem Umdrehen einige Minuten gegrillt, bis sie braun, aber nicht verbrannt sind. Die Paprikaschoten bekommen Brandblasen, wenn sie soweit sind, vom Grill genommen zu werden. Kartoffeln und Mais danach mit Salz und ordentlich Butter gewürzt, schmecken einfach himmlisch. Oder man kocht ein Sößchen aus Kokosmilch, Palmzucker, Lorbeer und etwas Salz, bis sich der Zucker aufgelöst hat, und bestreicht damit den Mais kurz vor Ende der Grillzeit und serviert das Ganze noch warm.

Auch Champignons schmecken wunderbar würzig, streicht man sie bereits während des Grillens und danach mit Knoblauch-Kräuterbutter ein. Die anderen Kandidaten werden nach dem Grillen in Scheiben geschnitten (Paprika gehäutet und von Stiel sowie Kernen befreit) und ein paar Minuten in einer Marinade aus Olivenöl, Knoblauch und frischen Kräutern wie Thymian, Rosmarin, Oregano, Estragon oder Kerbel gewürzt. Zuvor mariniertes Gemüse sollte man nicht ohne Weiteres auf den Rost legen – das heruntertropfende Öl würde im Nu in Flammen aufgehen. Dieses Gemüse stattdessen lieber in einer Aluschale über den Grill legen wobei diese auch keine Löcher im Boden haben darf, wie es z. B. bei Grillschalen üblich ist.

AUBERGINE
MIT ZITRONE, THYMIAN UND HONIG

Rezept für 8 Personen
Technik und Equipment: Holzkohlegrill • Holzkohle • direkte/indirekte Hitze (200 °C)

2 Auberginen • 3 unbehandelte Zitronen • 1 Bund Thymian • 4 EL Waldhonig • 2 EL Olivenöl • Salz

Die Glut auf einer Seite des Kohlerosts separieren, um eine Zwei-Zonen-Glut zu schaffen, also eine Kombination aus direkter und indirekter Hitze. Die Holzkohle schön aufglühen lassen und die Temperatur auf 200 °C regulieren.

Die Auberginen waschen und halbieren. Die Zitronen waschen und in Scheiben schneiden, die etwas dickeren Enden auspressen. Den gewonnenen Saft mit ein wenig Salz mischen und dieses Gemisch auf die Auberginenhälften streichen.
Diese dann mit den Zitronenscheiben sowie Thymian belegen und mit Olivenöl einpinseln. Nun die Auberginen 45 Minuten mit geschlossenem Deckel bei 200 °C indirekt grillen. Zum Servieren ein wenig Honig über die Auberginen träufeln.

Tipp: Passt fantastisch zu gegrilltem Geflügel oder schmeckt im erkalteten Zustand auf geröstetem Brot.

SCHWARZ WURZELN
IM SALZTEIG GEBACKEN

Rezept für 8 Personen
Technik und Equipment: Gasgrill • indirekte Hitze (200 °C) • hitzebeständiges Blech

400 g Schwarzwurzeln (ca. 2 cm ø) • 1 Salzteig (Basisrezept I, s. S. 254) • Balsamico • Olivenöl

Die Schwarzwurzeln mit einer Bürste säubern, feucht abwischen und trocken tupfen.
Ein hitzebeständiges Blech oder eine Auflaufform mit Backpapier auslegen, den Gasgrill auf ca. 200 °C vorheizen.

Ein Drittel des Teigs als Boden etwa 5 mm dick auf dem Backpapier verteilen. Die Schwarzwurzeln daraufgeben, mit dem restlichen Salzteig bedecken, rundum gut verschließen und 45 Minuten backen. Vom Grill nehmen, 10–15 Minuten ruhen lassen, anschließend aufbrechen.

Tipp: Die Wurzeln mit einem Kaffeelöffel ausschaben und mit etwas Essig und Öl oder pur zu gegrilltem Fisch servieren.

RÜBEN

KÜRBIS, WURZELN UND ZWIEBELN

Rezept für 8 Personen

Technik und Equipment: Holzkohlegrill • Holzkohle • direkte/indirekte Hitze (180 °C) • feuchtes Zeitungspapier

5 gelbe Bete • 2 rote Zwiebeln • 1 Bund feine Karotten • 10 Pastinaken • 3 EL Olivenöl • 150 g Kürbiskerne • 1–2 EL alter Balsamico • 500 g Kürbispüree (Basisrezept, s. S. 253) • Salzflocken (Murray River) • frisch gemahlener schwarzer Pfeffer • Schafgarbentriebe zum Anrichten

Gelbe Bete und Zwiebeln in feuchtes Zeitungspapier wickeln und ca. 1 Stunde in der Glut backen, aus der Zeitung nehmen und abkühlen lassen.

Karotten und Pastinaken waschen, putzen, mit Olivenöl marinieren und anschließend für 15 Minuten grillen, sodass sie schön Farbe annehmen können. Währenddessen die Kürbiskerne mahlen und leicht salzen.

Zwiebeln und Bete schälen, mundgerecht zerteilen, mit dem gegrillten Gemüse in eine Schüssel geben und mit Balsamico, Olivenöl, Salz und Pfeffer abschmecken.

Das Kürbispüree erhitzen und auf die Teller verteilen. Das Gemüse daneben anrichten und mit der restlichen Marinade übergießen. Mit gemahlenen Kürbiskernen und feinen Trieben der Schafgarbe garnieren.

Tipp: Passt wunderbar als Salat oder Beilage zu Steaks und gegrilltem Geflügel.

BBQ ZWIEBELN
MIT BROT, SPECK UND KAMILLE

Rezept für 10 Personen

Hinweis: Die Zwiebeln 1 Tag vorher zubereiten.

Technik und Equipment: Holzkohlegrill • Holzkohle • indirekte Hitze (180–200 °C) • Grillplatte (alternativ Pfanne) • nasses Zeitungspapier (alternativ Alufolie)

5 kleine Zwiebeln • 50 ml Malzessig • 1 EL Zuckerrübensirup • 1 TL Salz • 2 EL brauner Zucker • 1 TL Senfsamen • 2 EL frische Kamillenblüten • 5 Scheiben Pumpernickel • 2 Thymianzweige • 100 g Lardo (vom Mangalitza-Wollschwein) • 1 sehr dünne Scheibe Roggenbrot vom Vortag • 1 EL Butter • Salzflocken (Murray River) • frisch gemahlener schwarzer Pfeffer

Die Zwiebeln in feuchtes Zeitungspapier einwickeln und neben der Glut im Grill 1 Stunde backen. Währenddessen Malzessig, Rübensirup, Salz, Zucker, Senfsamen und 150 ml Wasser aufkochen, vom Herd nehmen.

Die Kamillenblüten säubern und etwa die Hälfte davon in die Marinade geben. Pumpernickel grob schneiden und zusammen mit den Thymianzweigen ebenfalls in die Marinade geben.

Die gebackenen Zwiebeln aus dem Zeitungspapier wickeln, halbieren und von der Schale befreien. In die Marinade geben und 24 Stunden ziehen lassen.

Den Lardo in dünne Scheiben schneiden. Das Roggenbrot knusprig angrillen.

Die restlichen Kamillenblüten auf einer Grillplatte oder in einer Pfanne mit der Butter anbraten und anschließend auf Küchenpapier abtropfen lassen. Die Zwiebeln in der Marinade erwärmen, auf Tellern anrichten und mit Speck, Brot, gebratenen Kamillenblüten und etwas Marinade servieren.

CEASAR SALAD

Rezept für 8 Personen
Technik und Equipment: Holzkohlegrill • Holzkohle • direkte Hitze (250 °C)

8 Salatherzen • 80 g Pankomehl • 1 TL Butter • 25 g Kapern • 80 g Sardellen • 100 g Parmesan (Parmigiano Reggiano, 36 Monate alt) • 4 Knoblauchzehen • 2 EL Traubenkernöl • 2 EL Olivenöl • 2 EL Rauchöl (Carpier) • Limettenmayonnaise (Basisrezept, s. S. 253) • Salzflocken (Murray River)

Die Salatherzen halbieren, waschen und trocken tupfen. Das Pankomehl in der Butter anbraten, beiseitestellen. Die Kapern aus der Lake nehmen und hacken, den Parmesan hobeln. Die Sardellen abtropfen lassen und in mundgerechte Stücke schneiden. Den Knoblauch schälen, in feine Scheiben schneiden, in erhitztem Traubenkernöl anfrittieren, auf Küchenpapier entfetten.
Die Salatherzen auf der Schnittseite scharf angrillen, auf einen Teller legen, mit Oliven- sowie Rauchöl marinieren und alle vorbereiteten Zutaten auf und um die Salatherzen herum arrangieren. Die Limettenmayonnaise aufdressieren. Nach Geschmack mit Salzflocken würzen.

GRILLKÄSE

MIT KARTOFFELSCHAUM, TOMATE

Rezept für 8 Personen

Technik und Equipment: Kugelgrill • Holzkohle • direkte Hitze (200 °C) • Pizzastein • 2 Sahnekapseln

Kartoffelschaum: 250 g Kartoffeln • 150 ml Kochwasser der Kartoffeln • 1 ½ g Iota-Carrageen • 1 g Xanthan • 125 g Sahne • 25 ml Olivenöl • 1 Knoblauchzehe • Salz • Cayennepfeffer • **Pesto:** 5 g Rosmarin • 1 Knoblauchzehe • 5 g Thymianblätter • 75 g Petersilienblätter • 100 ml Olivenöl • Salz • frisch gemahlener schwarzer Pfeffer • **Grillkäse:** 8 dünne Scheiben Ochsenherztomaten • 1 EL Olivenöl • 8 Grillkäse (à 50 g) • Salz • Zucker • **Fertigstellen und Anrichten:** Wildkräuter • alter Balsamico

Kartoffelschaum: Kartoffeln schälen, in reichlich Salzwasser garen, abgießen, das Kochwasser auffangen und warm halten, die Kartoffeln ausdämpfen lassen. Noch warm pressen und mit Iota, Xanthan, Sahne und Öl in heißem Zustand gut vermixen, mit Salz und Cayennepfeffer abschmecken. Diese Masse durch ein Sieb in einen mit zwei Sahnekapseln versehenen Sahnesiphon füllen und bis zur Verwendung warmhalten.

Pesto: Alle Zutaten mit einem Pürierstab glatt durchmixen und bis zur Verwendung kühl stellen.

Grillkäse: Die Ochsenherzscheiben bis zur Verwendung mit etwas Olivenöl, Salz und Zucker auf einem Blech marinieren. Die Grillkäsestücke mit etwas Olivenöl bepinseln, bei direkter Hitze auf der einen Seite angrillen, dann wenden und auf die gegrillte Seite die dünn geschnittene, marinierte Tomatenscheibe geben und alles zusammen weitere 2–3 Minuten grillen, sodass der Käse im Inneren cremig-flüssig wird.

Fertigstellen und Anrichten: Den heißen Kartoffelschaum (im Siphon) in die Mitte der tiefen Teller schäumen, das Pesto darum herum geben und nach Geschmack etwas alten Balsamico angießen. Den Grillkäse mittig obenauf platzieren und je nach Geschmack mit einigen Wildkräutern garnieren.

GRILLTOMATE

Ochsenherztomate

Die stark gerippte Fleischtomate verdankt ihren Namen ihrer ausladenden Form. Sie wiegt bis zu einem halben Kilo, womit sie ebenfalls in etwa dem muskulären Pumporgan des Rindes entspricht. Die Tomate ist im Vergleich zu anderen saftarm, wobei ihr Fleisch unempfindlich ist und fest bleibt, bis sie ihre Vollreife erlangt hat. Dann sollte sie möglichst bald verzehrt werden.

GEFÜLLTE GRILLTOMATE

Rezept für 8 Personen

Hinweis: Stückige Tomaten über Nacht abtropfen lassen.

Technik und Equipment: Kugelgrill • Holzkohle • indirekte Hitze (220–250 °C) • gusseiserne Pfanne

200 g stückige Tomaten (aus der Dose) • 8 Ochsenherztomaten (à 250 g) • 10 g Knoblauch • 100 g Chorizo (Ibérico de Bellota) • 40 ml Olivenöl • 25 g geräuchertes Paprikapulver, edelsüß • 10 g Thymianblättchen • 80 g Feta • 20 g Basilikumblätter • 50 g Pankomehl • Salz • frisch gemahlener schwarzer Pfeffer • Chiliflocken

Die stückigen Tomaten in einem Sieb über eine Schüssel geben und über Nacht gut abtropfen lassen.

Das obere Drittel der Ochsenherzen abschneiden, Fruchtfleisch mit einem scharfen Löffel aushöhlen und aufbewahren. Die aus- gehöhlten Tomaten von innen mit Küchenpapier trocken tupfen. Knoblauch klein hacken, Chorizo würfeln, beides in etwas Oli- venöl anfrittieren, Paprikapulver und Thymian dazugeben und kurz mitbraten. Anschließend das ausgeschabte Tomatenfleisch hinzufügen sowie die abgetropften stückigen Tomaten. Den Feta grob würfeln und ebenfalls dazugeben. Das Basilikum fein ha- cken, unterrühren und alles mit Salz und Pfeffer abschmecken. Nach Geschmack mit etwas Chili würzen.

Ist die Masse zu flüssig, ein wenig Pankomehl einarbeiten. Die Ochsenherztomaten damit füllen, den Deckel aufsetzen und in eine gusseiserne Pfanne geben. Diese direkt über der Holzkohle platzieren und die Tomaten bei geschlossenem Deckel 15–20 Mi- nuten bei 220–250 °C backen. Passt hervorragend zu Steaks.

Echte Feige

Unter allen Arten der Gattung Feige (Ficus) ist die
Echte Feige (Ficus carica) schon seit geraumer Zeit
die populärste. Sie gehört mit zu den ältesten Kul-
turpflanzen der Menschheit. Seit den alten Griechen
und Römern umweben die Feige zahlreiche Sagen,
und auch in der Bibel findet sie, nicht nur im Zuge
der Vertreibung aus dem Paradies, Erwähnung. Der
Baum der Echten Feige ist weitestgehend im Mittel-
meerraum verbreitet. In warmen Klimazonen wird
er mit ausladendem Wipfel bis zu zehn Metern hoch.
Der Stamm ist oftmals in sich verdreht und gebogen,
er verzweigt sich schon relativ niedrig zur Krone.
Winterharte Sorten wachsen auch schon im Norden
Europas bleiben aber kleiner und strauchähnlich, im
Gegensatz zu ihren südländischen Verwandten. Die
gelappten Blätter, die dazu taugen große und kleine
Geheimnisse zu verschleiern, haben alle Feigen-
bäume gemein. Winzig kleine Blüten entwickeln sich
über den Sommer zu blauvioletten oder grünen
Früchten. Das Fruchtfleisch ist saftig und weiß-rosa
bis rötlich. Sie werden entweder frisch oder in ge-
trockneter Form verzehrt, wobei ihre wertvollen Inhaltsstoffe, wie zum Beispiel Vitamin A Calcium,
Phosphor oder Eisen, auch Alternativen zur Schul-
medizin anbieten. Aromatisch sind Feigen sowohl als
Zutat für pikant-herzhafte, als auch für zart-süße
Desserts und erlauben dabei viele verschiedene Zubereitungsmethoden.

DESSERTS

SÜSSES GRILLFINALE

Nachtisch versus Grillparty?

In unserer Kultur wird eine Speisenfolge als besonders genussvoll empfunden, wenn auf Herzhaftes am Ende eine süße Krönung folgt. Beinahe jeder kennt es, dieses zwar nicht überlebenswichtige, aber sehr bestimmte Verlangen nach einem gezuckerten Abschluss. Das ist sicherlich der Macht der Gewohnheit geschuldet, doch schlechte Gewissen und verlorene Disziplin können auch mit ernährungsphysiologischen Begründungen beruhigt und gerechtfertigt werden. Die Lust auf etwas Süßes nach einem ausgiebigen Mal liegt daran, dass der Blutzuckerspiegel während und nach dem Essen ansteigt. Daraufhin wird der Zucker – dem Insulin sei Dank – in die Zellen abtransportiert, um dort weiter verarbeitet zu werden. In sehr kurzer Zeit wird sehr viel Insulin produziert und die Konzentration von Zucker im Blut fällt schlagartig ab. Dadurch entsteht aber wiederum das täuschend echte Gefühl von Hunger oder Appetit, und zwar trotz Sattheit. Kohlehydratreiche Kost, so wie es die meisten Desserts nun einmal sind, werden da eindeutig bevorzugt behandelt, denn sie liefern schnell die so dringend benötigte Energie. Unendlich ist die süße Sehnsucht allerdings nicht, auch wenn sie nicht gestillt wird, weil sich nach ungefähr zehn Minuten das Ungleichgewicht im Blut von selbst wieder einpendelt. Das betonen Gesundheitsapostel fortwährend, doch prinzipiell ist nichts dagegen einzuwenden, dem süßen Wunsch nachzugeben. Es wäre doch schade um die unzähligen verlockenden und raffinierten Möglichkeiten, die sich Menschen auf der ganzen Welt haben einfallen lassen. Mit dem Blick auf die unermesslichen Leckereien aller Herren Länder, bleibt kein Zweifel daran, dass dem Menschen die Vorliebe für Süßes angeboren ist. Auch wenn sich der Desserttrend etwas von zuckersüßen Kreationen entfernt und für sich neue Zutaten und Kombinationen entdeckt, besteht der letzte Gang im besten Fall aus einer sehr aufwändigen Zubereitung von verschiedenen Komponenten. Variationen von Backwaren, Cremes, Früchten und Eiskaltem nehmen manchmal mehr Zeit und Equipment in Anspruch als Vor- und Hauptspeise zusammen. Neben diesen Ausschweifungen in allen möglichen Küchen ist sehr auffällig, dass die meisten Grillveranstaltungen den kulinarischen Prolog vernachlässigen. Der Fokus verschiebt sich dabei nur selten vom herzhaften Hauptgang auf die Dessertteller. Da kann allein der Anblick eines Grills die Lust auf Törtchen und Tartes fast schon ruinieren, denn die sieht man im Backofen und nicht auf dem Rost. Das sollte man meinen, doch es geht auch anders.

Generalist Grill

Der Klassiker aller Grilldesserts ist ein Marshmallow (aufgeschlagene Süßigkeit aus viel Zucker, Eischnee, Geliermittel und Aromastoffen) der auf einen Spieß gesteckt und über direkter Hitze oder offenem Feuer geröstet wird. Dafür ist der Grill bestens geeignet. Andere Nachtische werden dagegen in der heimischen Küche vorbereitet, obwohl der Grill Herdplatte und Backofen ersetzen kann. Zum Beispiel kann ein Topf auf dem Rost absolut herkömmlich in Gebrauch genommen werden. Mit heißen Griffen ist aber vermehrt zu rechnen. Damit nicht genug, denn prinzipiell ist es auch möglich, den Backofen durch einen Grill vertreten zu lassen, wenn dieser mit einem Deckel geschlossen werden kann. Der Grill funktioniert dann wie ein Umluftofen, in dem nicht nur große Stücke Fleisch zubereitet werden können, sondern eben auch alles Süße, was sonst in elektrischen Röhren gart. Das ermöglicht die indirekte Übertragung von Hitze, wie es in Kapitel 2 schon erläutert wurde. Die hohe Temperatur wird dabei nicht direkt auf das Grillgut übertragen, sondern strahlt vielmehr von den Innenseiten des Grills ab und zirkuliert gleichmäßig, sodass die Hitze bis in den Mittelpunkt, auch von umfangreicheren Formen, eindringen kann, ohne deren Oberfläche zu verbrennen. Viele dieser Grills mit Deckel haben ein integriertes Thermometer. Das stellt sicher, die herrschende Gradzahl kontrollieren zu können, die gerade bei teigigen Backwaren eingehalten werden sollte. Die Temperatur kann durch das Öffnen oder Schließen von Lüftungsschlitzen gesteuert werden. Teig kann so genau wie in einem Backofen gebacken werden, indem sich die in ihm vorhandene Luft unter dem Einfluss der Hitze zunächst ausdehnt, ihn also auflockert, und er sich dann im Einfluss der Hitze verfestigt. Rezepte, die den Einsatz von Herdplatte oder Backofen verlangen, sind also problemlos mit einem Grill umzusetzen.

Gegrillte Früchte

Ein weiteres großes Thema im Dessertbereich ist und bleibt die Zubereitung von Obst und immer mehr auch Dessertvariationen mit Gemüse. Die unterschiedlichen Methoden und Kombinationen sind unbegrenzt und immer wieder fruchtig, süß und lecker. Wenn das Obst oder das Gemüse ohnehin schon einen guten Eigengeschmack aufweist, kitzelt eine Kur auf dem Grill, während der feine oder auch kräftige Röstaromen entstehen, geschmacklich alles aus den pflanzlichen Lebensmitteln heraus, was in ihnen steckt. Sie werden auf dem Rost noch süßer, noch saftiger, noch besser.

Feigen im Weinlaub gegrillt

Garzeiten für Früchte

Produkt	Garzeit	Grilltechnik
Ananas, in Scheiben	ca. 5 Minuten	direkte, mittlere Hitze
Apfel, in Scheiben	ca. 5 Minuten	direkte, mittlere Hitze
Aprikosen, halbiert	ca. 3 Minuten von beiden Seiten	direkte, mittlere Hitze
Banane, im Ganzen	ca. 10 Minuten	direkte, mittlere Hitze
Birne, halbiert	ca. 10 Minuten	direkte, mittlere Hitze
Erdbeere, im Ganzen	ca. 4 Minuten	direkte, mittlere Hitze
Feige, kreuzweise eingeschnitten	ca. 10 Minuten	direkte, mittlere Hitze
Pfirsich, halbiert	ca. 8 Minuten auf der runden Seite ca. 3 Minuten auf der flachen Seite	direkte, mittlere Hitze

MILCHREIS
IM WEINLAUB GEGRILLTE FEIGEN

PISTAZIEN-CREMEEIS

Rezept für ca. 8 Personen

Hinweis: Das Eis 1 Tag vorher zubereiten, die Weinblätter rechtzeitig einlegen.

Technik und Equipment: Holzkohlegrill • Holzkohle • indirekte Hitze (150 °C und 180 °C) • Wok • Grillrost (mit Loch in der Mitte) • eingeweichtes Küchengarn

Pistaziencremeeis: 1 l Milch • 100 g Zucker • 1 Eigelb • 160 g Pistazienmark • 1 Prise Salz • Malzessig • **Feigen:** 500 ml trockener Rotwein (Spätburgunder) • 25 g brauner Zucker zzgl. etwas zum Bestreuen • 1 Zimtstange • 8 Weinblätter • 8 Feigen • **Zuckerteig:** 75 g Butter • 50 g Puderzucker • 125 g Mehl (Type 405) • 1 Prise Salz • 1 Ei • 15 g gemahlene Mandeln • 1 Msp. Zimt • **Krokantblätter:** 250 g Zucker • 125 g flüssige Glukose • 175 g gemahlene Mandeln • **Milchreis:** 400 ml Milch • 200 g Sahne • 60 g Zucker • 100 g Rundkornreis (Acquerello) • Mark von ½ Vanilleschote • Salz

Pistaziencremeeis: Milch, Zucker und Eigelb zur Rose abziehen (Milch aufkochen, Zucker und Eigelb schaumig schlagen, die kochende Milch dazugeben und aufschlagen). Pistazienmark unterrühren und mit Salz sowie Malzessig frisch abschmecken. Die Masse für 24 Stunden im Kühlschrank kalt stellen, anschließend aufmixen und mit einer Eismaschine cremig einfrieren.

Feigen: Rotwein mit Zucker und Zimt aufkochen, anschließend auf ein Viertel reduzieren. Weinblätter für mindestens 6 Stunden in die Rotweinmischung einlegen. Feigen mit einer feinen Nadel einstechen und mit etwas braunem Zucker bestreuen. Dann die Weinblätter abtropfen lassen und auf jedes Weinblatt mittig eine Feige setzen, einwickeln und mit dem Küchengarn oben verschnüren.

Zuckerteig: Alle Zutaten mixen, den Teig 1 Stunde kühl stellen. Den Grill auf 180 °C vorheizen. Den gekühlten Teig ausrollen und ca. 10 Minuten backen. Auskühlen lassen und im Mixer crushen.

Krokantblätter: Zucker und Glukose aufkochen, Mandeln zugeben und alles auf einer Silikonmatte bzw. auf Backpapier ausbreiten und abkühlen lassen. Anschließend mixen und das Krokant im geschlossenen Grill bei 180 °C zwischen zwei Backmatten knusprig ausbacken. Zuckerteig und Krokantblätter kann man gut vorbereiten, in einer luftdicht geschlossenen Box halten sie sich mehrere Tage frisch.

Milchreis: Auf dem Holzkohlegrill ein Ringfeuer entfachen. (Die Hitze muss gerade so ausreichen, dass Milch und Sahne im eingesetzten Wok zum Kochen gebracht werden können und die Temperatur im Grill danach langsam wieder fällt.) Milch, Sahne und Zucker in den Wok geben und zum Kochen bringen. Reis, Vanillemark und Salz einrühren und den Reis unter ständigem Rühren 30–40 Minuten langsam garen.

Fertigstellen und Anrichten: Die eingewickelten Feigen im Holzkohlegrill mit direkter Hitze von allen Seiten bei 150 °C rundherum angrillen. Das Weinlaub verbrennt leicht, aber das ist kein Problem, da die Feigen zum Servieren ausgepackt werden. Auf jeden Teller etwas Pistazieneis verteilen, den gemahlenen Zuckerteig auf den Milchreis streuen, Krokantblätter ansetzen und Feigen achteln und dekorativ anrichten. Den Rotwein vom Marinieren als Sauce darüberträufeln.

WOODWRAPS

Woodwraps bestehen aus unterschiedlichen Holzsorten, meist Furnier von Erle oder Rotzeder und werden gerne genommen, um zartes Fleisch und Fisch schonend zu grillen, können aber auch „zweckentfremdet" werden. Der Clou an der Sache: bekommen die Holzblätter Hitze und fangen an zu rauchen, geben sie ihr Aroma an das Gargut weiter.

Brownie im Woodwrap gebacken

BROWNIES

MIT SCHOKOLADENEIS, KARAMELLKROKANT UND MILCHMÄDCHEN

Rezept für 8 Personen

Hinweis: Das Eis 1 Tag vorher zubereiten.

Technik und Equipment: Kugelgrill • Holzkohle • indirekte Hitze (180 °C) • Büroklammern oder eingeweichtes Küchengarn • Alufolie und Backpapier

Eis: 250 g Holzchips (Hickory) • 500 ml Milch (3,5 % Fett) • 100 g Zucker • 80 g flüssige Glukose • 3 g Iota-Carrageen • 20 g echtes Kakaopulver • 100 g Schokolade (Kakaoanteil 70 %) • **Brownies:** 10 Woodwraps (Zeder) • 140 g Schokolade (Kakaoanteil 70 %) • 200 g Butter • 4 Eier • 300 g Zucker • 100 g gemahlene Mandeln • 40 g echtes Kakaopulver • 50 g Mehl • Butter zum Fetten • Zucker zum Ausstreuen • **Karamellkrokantblätter:** 125 g flüssige Glukose • 250 g Zucker • 175 g gemahlene Mandeln • **Milchmädchen:** 1 Dose gesüßte Kondensmilch • **Anrichten:** 150 g Mascarpone • 1 TL Limettensaft • Kresse • Schokoladensand

Eis: Die Holzchips im Grill bei 180 °C 5–10 Minuten anrösten. Währenddessen die Milch aufkochen und Zucker, Glukose, Iota, Kakao und Schokolade zugeben und auflösen lassen. Zum Schluss die heißen Holzchips beigeben.

Die Milchmischung über Nacht (besser 24 Stunden) ruhen lassen, am nächsten Tag aufkochen und die Holzchips aussieben, anschließend mit einer Eismaschine cremig einfrieren.

Brownies: Die Woodwraps mindestens 1 Stunde in warmem Wasser einweichen, damit sie biegsamer werden. Die Schokolade grob hacken und mit der Butter zusammen schmelzen. Eier und Zucker rund 6 Minuten lang schaumig aufschlagen, die geschmolzene Schokoladenmischung unterrühren. Die restlichen Zutaten dazugeben und alles vermengen.

Aus den gewässerten Woodwraps Zylinder von mindestens 6 cm Durchmesser rollen und zum Fixieren Büroklammern oder eingeweichtes Küchengarn nutzen. Innen mit Butter fetten und mit Zucker ausstreuen, um zu vermeiden, das der Brownieteig kleben bleibt. Als Boden eignet sich am besten eine Kombination aus Backpapier und Alufolie. Dann den Brownieteig einfüllen und die Zylinder bei 180 °C indirekter Hitze für 16 Minuten im geschlossenen Grill backen. Idealerweise sind die Brownies nach dem Backen im Kern noch flüssig, verfestigen sich jedoch nach dem Auskühlen.

Karamellkrokantblätter: Die Glukose und den Zucker in einem Topf zum Kochen bringen und leicht karamellisieren lassen. Die gemahlenen Mandeln dazugeben, alles auf eine Backmatte geben und mit einem Nudelholz glatt ausrollen. Wenn alles ausgekühlt ist, die Masse mit einem Standmixer oder Thermomix zu Pulver vermahlen und dieses zwischen zwei Backmatten im Grill (bei 180 °C) knusprig ausbacken. Auskühlen lassen und in Stücke brechen.

Milchmädchen: Die gesüßte Kondensmilch in der geschlossenen Dose für 3–4 Stunden bei 120 °C mit indirekter Hitze im Grill karamellisieren lassen. Danach abkühlen lassen und die Dose öffnen.

Anrichten: Den Mascarpone mit etwas Limettensaft glatt rühren, in Spritzbeutel füllen. Das Milchmädchen auf tiefe Teller verteilen, das Schokoladeneis in Nocken darauf anrichten. Die Brownies klein zupfen und anlegen. Die Mascarpone aufdressieren. Mit den Krokantblättern und nach Geschmack mit etwas Kresse und Schokoladensand garnieren.

FRANZÖSISCHER BABA

MIT THYMIANHONIG UND ZIEGENKÄSEEIS

Rezept für 8 Personen
Hinweis: Das Eis 1 Tag vorher zubereiten.
Technik und Equipment: Gasgrill • indirekte Hitze (220 °C) • 8 Dariolformen (5 x 5 cm)

Ziegenkäseeis: 100 ml Milch • 100 g flüssige Glukose • 100 g Quark • 150 g Ziegenfrischkäse • 150 g Sauerrahm • 50 ml gepresster Orangensaft • 10 g Honig • **Baba:** 200 g Mehl • 2 g Salz • 70 g Butter • 10 g Thymianhonig • 9–10 g frische Hefe (ca. ¼ Würfel) • 5 Eier • 250 g Honig • 1 Bund Thymian • Abrieb von 1 unbehandelten Zitrone • Butter zum Fetten • Zucker zum Ausstreuen • **Anrichten:** Aprikosenkonfitüre, erwärmt • Honig • Blaubeeren • Thymianspitzen

Ziegenkäseeis: Die Milch mit der Glukose aufkochen, die restlichen Zutaten dazugeben und gut vermengen. Im Kühlschrank 24 Stunden kalt stellen und anschließend mit einer Eismaschine cremig einfrieren.

Baba: Innerhalb von 10 Minuten Mehl, Salz, Butter, Thymianhonig und Hefe zu einem glatten Teig verarbeiten, danach die Eier nach und nach hinzugeben, sonst wird der Teig zu matschig. Den Backofen auf 45 °C vorheizen und den Teig darin etwa 2 Stunden gehen lassen. Erneut kräftig durchkneten, damit die Luft entweichen kann. Die Dariolformen mit Butter und Zucker auskleiden, damit der Teig nicht haften bleibt. Den Teig auf die Förmchen verteilen und weitere 20–25 Minuten gehen lassen. Im Grill bei 220 °C 12 Minuten goldgelb backen.
In der Zwischenzeit 500 ml Wasser mit dem Honig aufkochen, Thymian sowie Zitronenabrieb dazugeben, vom Herd nehmen und ziehen lassen. Wenn die Babas fertig gebacken sind, nach und nach mit dem Sirup tränken, bis sich die Babas komplett vollgesogen haben. So erhalten sie das volle Thymian-Honig-Aroma.
Anrichten: Die Babas nach Geschmack mit etwas erwärmter Aprikosenkonfitüre glasieren, eine Eisnocke daneben setzen und mit etwas Honig, Blaubeeren und Thymianspitzen ausgarnieren.

HASELNÜSSE

MIT GEGRILLTER PETERSILIENWURZEL UND GLATTER PETERSILIE

Rezept für 8 Personen

Hinweis: Das Eis 1 Tag vorher zubereiten.

Technik und Equipment: Kugelgrill • Holzkohle • direkte Hitze (180 °C) • 8 Kaffeebecher aus Plasik

Milcheis von Petersilienwurzeln: 250 ml Milch • 100 g Petersilienwurzel • 50 g Petersilienstiele • 250 g Sahne • 120 g Zucker • 5 g Zitronensaft • 8 g Iota-Carrageen • **Haselnussbiskuit:** 250 g Eiweiß • 240 g Haselnusspaste • 160 g Eigelb • 150 g Isomalt • 40 g Mehl • **Petersilienwurzeln:** 4 Petersilienwurzeln • 2 EL Apfelessig • Mark von 1 Vanilleschote • ein wenig Ahornsirup • **Haselnussgarnitur:** 100 g ganze Piemonteser Haselnüsse • 100 g Haselnusspaste • 20 g Puderzucker • 20 ml Haselnusslikör • **Petersilienpesto:** 100 g glatte Petersilie • 80 g weiße Schokolade • 50 g Piemonteser Haselnüsse • 1 TL Haselnussöl • 80 g Traubenkernöl • **Anrichten:** Keksbrösel • glatte Petersilie • Haferpops (nach Geschmack)

Milcheis von Petersilienwurzeln: Die Milch aufkochen, Petersilienwurzeln sowie -stiele hinzugeben, ca. 12 Stunden ziehen lassen und dann die Zutaten abpassieren. Die Petersilienmilch mit Sahne, Zucker, Zitronensaft und Iota aufkochen, abkühlen lassen, mit einem Stabmixer pürieren und anschließend mit einer Eismaschine cremig frieren.

Haselnussbiskuit: Alle Zutaten in einen Messbecher geben, emulgieren und in einen mit zwei Sahnekapseln versehenen Sahnesiphon geben. Die Masse in acht Kaffeebecher aus Plastik spritzen und für ca. 55 Sekunden bei 1.000 Watt in die Mikrowelle geben und zum Biskuit ausbacken.

Petersilienwurzeln: Die Petersilienwurzeln direkt in der Holzkohleglut 15–20 Minuten grillen. Dabei verkohlt die Schale von außen komplett, das innen liegende Fruchtfleisch wird jedoch schön weich und süß. Die Schale mit einem stumpfen Messer vorsichtig abschaben. Die Wurzeln halbieren und nach Geschmack mit etwas Apfelessig, Vanillemark und Ahornsirup marinieren.

Haselnussgarnitur: Die ganzen Haselnüsse zunächst in warmem Wasser einweichen, dann fein hobeln und trocknen, beiseitestellen. Aus der Haselnusspaste, dem Puderzucker und etwas Haselnusslikör eine Creme anrühren.

Petersilienpesto: Alle Zutaten im Mixer miteinander verrühren.

Anrichten: Die gegrillten Petersilienwurzeln auf Teller verteilen, eine schöne Nocke von dem Petersilienwurzeleis abstechen und daneben positionieren. Die süße Haselnusspaste oben auf das Eis geben, die Haselnussbiskuits arrangieren, Pesto dazugeben und die getrockneten Haselnussblättchen darüber verteilen. Nach Geschmack mit herkömmlichen Keksbröseln und glatten Petersilienblättchen ausgarnieren. Mit Haferpops kann man ein schönes, knuspriges Mundgefühl erzeugen.

SCHOKOLADENEIS

GEGRILLTE BANANEN UND AVOCADO-GANACHE

Rezept für 8 Personen
Hinweis: Das Eis 1 Tag vorher zubereiten.
Technik und Equipment: Holzkohlegrill • Holzkohle • direkte/indirekte Hitze (140–180 °C)

Schokoladeneis: 150 g Eigelb • 80 g Zucker • 100 g Schokolade (Kakaoanteil 70%) • 250 g Sahne • 250 ml Milch • **Brösel:** 75 g weiche Butter • 50 g Puderzucker • 150 g Mehl (Type 405) • 1 Prise Salz • 1 Ei • 15 g gemahlene Mandeln • **Milchshake:** 2 Bananen • 450 ml Milch • Saft von 1 Limette • 55 g Zucker • 30 g Passionsfruchtmark • **Avocadoganache:** 180 g reife Hass-Avocados • 50 g echtes Kakaopulver • 60 g Kastanienhonig • **Hippe (optional):** 100 g reife Bananen • 200 ml Mangosaft • 25 g flüssige Glukose • 6 g Agar-Agar • **Tuille (optional):** 50 g Bitterschokolade • 200 g flüssige Glukose • 200 g Zucker • 30 g echtes Kakopulver

Schokoladeneis: Eigelb und Zucker aufschlagen. Schokolade grob hacken, Sahne und Milch aufkochen, Schokolade unterziehen und unter Rühren auflösen. Zur Eiermischung geben und im Wasserbad zur Rose abziehen. Über Nacht (besser 24 Stunden) im Kühlschrank reifen lassen. Am nächsten Tag mit einer Eismaschine cremig einfrieren.
Brösel: Alle Zutaten zu einem Zuckerteig verkneten und anschließend 1 Stunde im Kühlschrank kalt stellen. Den Teig ½ cm dick auf einer Backmatte ausrollen und bei 180 °C im Holzkohlegrill indirekt backen. (Lässt sich auf Vorrat machen und in einer luftdichten Dose aufbewahren.)

Milchshake: Die Bananen mit der Schale direkt auf dem Grill backen. Dabei wird die Schale zwar schwarz, das Fruchtfleisch jedoch cremig und süß. Dieses aus der Bananenschale drücken und mit Milch, Limettensaft, Zucker und Passionsfruchtmark aufmixen, danach beiseitestellen.
Avocadoganache: Das Fruchtfleisch der Avocados auslöffeln und mit den restlichen Zutaten cremig verrühren. Bis zur Verwendung beiseite-, aber nicht mehr kühl stellen.
Hippe: Die Bananen mit dem Mangosaft mixen, aufkochen, die Glukose dazugeben und mit Agar-Agar abbinden, anschließend auskühlen lassen, sodass ein festes Gelee entsteht. Den Backofen auf 140 °C vorheizen. Die Mango-Bananen-Mischung im Mixer zu einem glatten Püree verrühren, dünn auf eine Silikonmatte streichen und im Ofen knusprig trocknen. Solange die Masse noch warm ist, kann man sie je nach Gusto formen und biegen.
Tuille: Die Bitterschokolade hacken. Glukose und Zucker in einem flachen Topf auf 150 °C erhitzen, ist die Temperatur erreicht, die Bitterschokolade und den Kakao zugeben, zügig verrühren und vorsichtig auf eine Backmatte gießen, dann abkühlen lassen. Die komplett ausgekühlte Masse in einem Mixer zu einem feinen Puder mahlen. Dieses vorsichtig durch ein Sieb auf eine Backmatte geben, bei 180 °C zu einer Tuille ausbacken. Nach Wunsch aus der erkalteten Masse mundgerechte Blätter ausbrechen.
Anrichten: Die Avocadoganache in tiefe Teller streichen, den Milchshake nochmals aufmixen und angießen sowie eine Nocke Schokoladeneis mittig in die Teller setzen. Etwas Brösel vom Zuckerteig darübergeben und ggf. mit der Mangohippe und Tuilleblättern garnieren.

FLAMMKUCHEN MIT GEGRILLTER BIRNE UND

Rezept für 8 Personen
Hinweis: Das Milcheis 1 Tag vorher zubereiten.
Technik und Equipment: Holzkohlegrill • Holzkohle • indirekte Hitze (220 °C und 180 °C)

Milcheis: 1 ½ l Milch • 500 g Sahne • 15 Eigelb • 50 g Zucker • 80 g flüssige Glukose • 50 g Thymian • **Flammkuchenteig:** 125 g Mehl (Type 405) • 3 g Salz • 8 g frische Hefe (ca. ¼ Würfel) • 20 g Schmalz vom Mangalitza-Schwein • **Gegrillte Birnen:** 8 Birnen • 100 ml Zitronensaft • 100 g Zucker • **Fertigstellen und Anrichten:** 8 EL Schmand • 400 g Gorgonzola • 1 Handvoll Rucola • 2 EL alter Balsamico • 100 g Pumpernickelbrösel

Milcheis: Milch und Sahne zusammen aufkochen und mit Eigelben sowie Zucker zur Rose abziehen. Glukose und Thymian zugeben und etwa 12 Stunden ziehen lassen. Danach den Thymian durch ein feines Sieb abgießen und die Milchmasse anschließend mit einer Eismaschine cremig einfrieren.

Flammkuchenteig: Mehl und Salz in eine Schüssel geben, 80 ml Wasser ganz leicht erwärmen, die Hefe hineinbröseln, auflösen, zum Mehl geben, mit dem Schmalz zu einem Teig verkneten und 1 Stunde gehen lassen. Anschließend dünn ausrollen und Flammkuchenböden von 8–10 cm ø ausstechen.

Gegrillte Birnen: Die Birnen waschen, halbieren und die Kerngehäuse entfernen. Die Birnenhälften mit einer Mischung aus Zitronensaft und Zucker zu gleichen Teilen einreiben, 1 Stunde marinieren und anschließend bei 180 °C angrillen, sodass sie Farbe annehmen und weich werden.

Fertigstellen und Anrichten: Die ausgestochenen Flammküchlein mit je 1 EL Schmand bestreichen und auf einem Pizzastein bei ca. 220 °C knusprig ausbacken, für die letzte Minute den Gorgonzola über den fertig gegarten Flammkuchen zupfen. Zum Servieren die gegrillte Birne auf den Flammkuchenboden setzen, den Rucola mit Balsamico marinieren und dazugeben, eine schöne große Nocke vom Milcheis abstechen und mittig aufsetzen. Ein paar Pumpernickelbrösel über dem Flammkuchen verteilen und ihn noch heiß servieren.

GEGRILLTER APFEL
TOPFENSCHAUM UND KOMPOTT

Rezept für 8 Personen
Hinweis: Das Macisparfait 1 Tag vorher zubereiten.
Technik und Equipment: Holzkohlegrill • Holzkohle • direkte Hitze (220 °C) • Kastenform (20 x 35 cm)

Macisparfait: 150 ml Zitronensaft • 250 g Zucker • 6 Eigelb • 850 g Sahne • 1 Msp. Macispulver (Muskatblütenpulver) • **Topfenschaum:** 350 g Magerquark • 30 ml Zitronensaft • 20 g Calvados • 150 g Sahne • 200 ml Milch • 100 g Puderzucker • 1g Xanthan • **Apfelkompott:** 300 g Äpfel (Granny Smith) • ½ TL Speisestärke • 80 g Zucker • 150 ml Apfelsaft • 20 g feine Korinthen • Mark von ½ Vanilleschote • **Gegrillte Apfelringe:** 3–4 Äpfel (Granny Smith) • 2 EL Zucker • Saft von 1 Zitrone • **Anrichten:** Baiser • Liebstöckel

Macisparfait: Die Kastenform mit Klarsichtfolie auslegen. Zitronensaft, Zucker und Eigelb in einem warmen Wasserbad schaumig rühren, danach in einem Eisbad wieder kalt schlagen, damit die Masse Bindung bekommt. Die Sahne schlagen und zusammen mit dem Macispulver vorsichtig unterheben. Alles in die Form geben, umgehend einfrieren und 24 Stunden lang durchfrosten.

Topfenschaum: Alle Zutaten in einem Messbecher aufmixen, durch ein Sieb passieren und in einen Sahnesiphon füllen. Zwei Sahnekapseln einlegen und kühl stellen.
Apfelkompott: Die Äpfel schälen, vom Kerngehäuse befreien und in kleine Würfel schneiden, die Speisestärke mit etwas kaltem Wasser anrühren. Den Zucker karamellisieren, Apfelsaft, Korinthen und Vanille dazugeben. Alles aufkochen, mit der Speisestärke leicht kompottartig abbinden, die Apfelwürfel hineingeben und die Masse aufkochen. Anschließend bis zur Verwendung kühl stellen.
Gegrillte Apfelringe: Die Äpfel schälen, das Kerngehäuse ausstechen und die Früchte in 1 cm dicke Scheiben schneiden, danach mit Zucker und Zitronensaft marinieren. Auf dem Holzkohlegrill mit direkter Hitze von jeder Seite 3–4 Minuten stark angrillen.
Anrichten: Die gegrillten Apfelscheiben auf Tellern arrangieren, mit Kompott garnieren, etwas Baiser darüberbröseln, Topfenschaum auf die Teller sprühen und das Parfait rund ausgestochen auf den Tellern verteilen. Nach Gusto kann man die Teller mit Liebstöckelblättern ausgarnieren, um das Gericht zu vollenden.

ERDBEERSPIESS
UND PASSIONSFRUCHT-MARSHMALLOW MIT

Rezept für 8 Personen
Hinweis: Die Marshmallows 1 Tag vorher zubereiten.
Technik und Equipment: Gasgrill • direkte Hitze (300 °C) • Backblech

Marshmallows: 8 g Gelatine • 220 ml Passionsfruchtsaft • 80 g Fruktose • 225 g Eiweißpulver (Albumin) • **Erdbeerspieß:** 24 Erdbeeren • 2 EL Aprikosenkonfitüre • 24 Basilikumblätter • **Anrichten:** Limonenöl • Vanilleeis

Marshmallows: Die Gelatine im Passionsfruchtsaft auflösen, Fruktose und Albumin mit dem Stabmixer einmontieren. Dann alles in einer Küchenmaschine für 10 Minuten aufschlagen, bis sich das Volumen verdreifacht hat. Die Masse auf ein mit Backpapier ausgelegtes Backblech geben und auf eine Höhe von 4 cm glatt streichen. Anschließend zum Abtrocknen 12 Stunden im Kühlschrank kalt stellen. Mit einem leicht erwärmten Messer Quadrate mit einer Kantenlänge von 2 x 2 cm ausschneiden und die Marshmallows bis zur Verwendung in einer luftdichten Box verwahren.

Erdbeerspieß: Erdbeeren waschen, putzen, Aprikosenkonfitüre erwärmen und die Erdbeeren damit bepinseln. Diese dann abwechselnd mit einem Basilikumblatt und den Passionsfrucht-Marshmallows aufspießen. Pro Spieß drei Erdbeeren sowie drei Basilikumblätter vorbereiten. Die Spieße bei direkter Hitze angrillen, sodass die Marshmallows schön gebräunt werden, aber nicht schmelzen.

Anrichten: Bei Bedarf mit etwas Limonenöl garnieren und zusammen mit etwas Vanilleeis noch heiß genießen.

GRATINIERTE ERDBEEREN MIT BUTTERMILCHEIS

Rezept für 8 Personen
Hinweis: Das Buttermilcheis 1 Tag vorher zubereiten.
Technik und Equipment: Gasgrill • indirekte Hitze (200 °C)

Buttermilcheis: 250 g Sahne • 180 g Zucker • 30 g flüssige Glukose • 3 g Iota-Carrageen • 50 ml Orangensaft • 250 ml Buttermilch • **Gratin:** 200 g Mehl • 2 TL Backpulver • 50 g Zucker • Salz • 2 Eier • 500 ml Milch • 30 g Butter • Mark von 1 Vanilleschote • 48 Périgord-Erdbeeren (Gariguette) • **Anrichten:** Erdbeeren • Keksbrösel

Buttermilcheis: Sahne, Zucker, Glukose und Iota aufkochen und abkühlen lassen. Orangensaft und Buttermilch einmixen. Die Eismasse im Kühlschrank 24 Stunden reifen lassen, anschließend mit einer Eismaschine cremig einfrieren.

Gratin: Den Grill auf 200 °C vorheizen. Mehl und Backpulver miteinander vermengen, mit Zucker, Salz, Eiern, Milch und Butter in einer Küchenmaschine verrühren, durch ein Sieb geben und nach Geschmack etwas Vanillemark zugeben. Die Erdbeeren waschen, vom Grün befreien, in kleine feuerfeste Schüsselchen geben und die Gratiniermasse einfüllen. Im Grill auf den Rost stellen und so lange indirekt gratinieren, bis die Masse stockt und goldgelb gebräunt ist.
Anrichten: Das Eis sollte à part serviert werden, damit es nicht allzu schnell schmilzt. Dafür kleine Schüsseln mit Erdbeeren und Keksbröseln ausgarnieren und je eine Buttermilcheisnocke daraufsetzen. Das Gratin dazu servieren.

THAI-MANGO UND PANNA COTTA

Rezept für 8 Personen

Hinweis: Das Ale-Sorbet und die Panna cotta 1 Tag vorher zubereiten.

Technik und Equipment: Gasgrill (ggf. mit Seitenkocher) • direkte Hitze (180 °C) • rechteckige Form (10 x 18 cm) • feuerfeste Form

Ale-Sorbet: 200 ml stilles Mineralwasser • 100 g Zucker • 50 g flüssige Glukose • 2 g Iota-Carrageen • 2 Äpfel (Granny Smith) • 450 ml Ale • **Panna cotta:** 4 Gelatineblätter • 4 Limettenblätter • 500 g Sahne • 15 g Vanillezucker • Abrieb von 1 Limette • **Thai-Mango:** 4 Thai-Mangos • 350 g Zucker • 500 ml Passionsfruchtsaft • **Erdnussstreusel:** 75 g gesalzene Erdnüsse • 100 g Mehl • 100 g Zucker • 100 g weiche Butter • **Krokantblätter:** 200 g Mangofruchfleisch (Reste von den Thai-Mangos) • 20 g Zucker • 25 g flüssige Glukose • 6 g Agar-Agar • **Anrichten:** Schafgarbeblüten

Ale-Sorbet: Das Wasser zusammen mit Zucker, Glukose und Iota aufkochen, vom Herd nehmen und ziehen lassen. Die Äpfel entkernen und mit der abgekühlten Masse in einer Küchenmaschine mixen. Das Ale einmixen und die Masse über Nacht kühl stellen. Am nächsten Tag das Sorbet durch ein Sieb passieren, um mögliche Apfelstücke zu entfernen, und anschließend mit einer Eismaschine cremig einfrieren.

Panna cotta: Die Gelatine in Eiswasser einweichen. Limettenblätter klein schneiden, mit der Sahne aufkochen, vom Herd nehmen und 45 Minuten ziehen lassen. Anschließend abseihen. Einen Teil der Sahne aufkochen, die ausgedrückte Gelatine, Vanillezucker und Limettenabrieb dazugeben, die Gelatine und den Zucker unter Rühren lösen und schließlich mit der restlichen Sahne vermengen. Die Masse in eine mit Klarsichtfolie ausgelegte Form seihen und über Nacht kalt stellen.

Thai-Mango: Die Mangos schälen und halbieren. Dabei das Fruchtfleisch jeweils dicht am Kern abschneiden. Das restliche Fruchtfleisch mit einem Messer vom Kern putzen und beiseitestellen. Das sollte insgesamt 200 g ergeben, ggf. noch mit etwas Fruchtfleisch von den Hälften auffüllen. Den Zucker mit dem Passionsfruchtsaft aufkochen, um einen Sirup zu erhalten. Die Mangohälften in einer feuerfesten Form platzieren und 20–30 Minuten grillen. Währenddessen immer wieder mit dem Sirup einpinseln.

Erdnussstreusel: Erdnüsse klein hacken und mit den restlichen Zutaten zu einem Streuselteig verarbeiten. Die Streusel auf einer Silikonbackmatte verteilen und bei 200 °C indirekter Hitze im Gasgrill knusprig backen. In einer luftdicht versiegelten Schale halten sich die Brösel gut 1 Woche.

Krokantblätter: Das vom Kern gelöste Mangofleisch mit 50 ml Wasser und der Hälfte des Zuckers pürieren. 200 g dieser Masse mit Glukose, dem restlichen Zucker und Agar-Agar (ggf. auf dem Seitenkocher des Gasgrills) aufkochen, um ein Gelee herzustellen. Erkalten lassen und in einem Standmixer zu einem glatten Püree vermahlen. Auf eine Silikonbackmatte streichen und im Grill oder im vorgeheizten Backofen bei 140 °C trocknen lassen, bis das Wasser verdampft ist.

Anrichten: Einige Erdnussstreusel in tiefe Teller geben und die glasierten Mangos daraufsetzen. Die Panna cotta austechen und auf die Mangos setzen. Je eine schöne Nocke vom Ale-Sorbet obenauf geben und mit Mangokrokantblättern und ggf. mit Blüten von Schafgarbe ausgarnieren.

SOUS-VIDE

Luftleere

Sous-vide, das bedeutet „unter Vakuum". Der Begriff ist mittlerweile eingedeutscht und nur wenige wissen sich gar nichts darunter vorzustellen. In den meisten Fällen wird das Verfahren zusätzlich mit sehr niedrigen Gartemperaturen in Verbindung gebracht, wobei das Vakuum etwas in den Hintergrund rückt. Lateinisch „vacuus", gleichbedeutend mit „leer", beschreibt das Vakuum, das Fehlen von Materie in einem begrenzten Raum, wobei im Allgemeinen lediglich das Fehlen von Luft gemeint ist. Das beschreibt also in einer gewissen Weise ein Nichtvorhandensein, dass sich anscheinend zunutze gemacht werden kann. In den 1970er-Jahren wurde in Frankreich erstmals daran gearbeitet, diesen Umstand in die Zubereitung von Nahrungsmitteln einzubeziehen. Das funktioniert so, dass rohe Speisen zunächst in Plastikbeutel eingeschweißt werden. Die Bestückung erfolgt wahlweise und ist an keine bestimmten Regeln gebunden. Erlaubt ist, was unter Umständen schmecken könnte. Mithilfe eines Vakuumiergeräts wird aus den Beuteln Luft gezogen, also ein Unterdruck erzeugt. Dieser Zustand wird dann unter einem beherzten Zuschweißen des Plastikbeutels dingfest gemacht. Für neueste Vakuumiertechniken stellen sogar Flüssigkeiten kein Problem mehr dar. Das Problem, dass früher Soßen und Marinaden mit der Luft aus dem Beutel gesogen wurden hat sich damit erledigt. Der Trick, Flüssigkeiten gefroren mit in den Beutel zu geben, auch. Einmal sicher verpackt, bewirkt der luftleere Raum zunächst, dass dem Gargut nichts verloren geht. Aromen und Feuchtigkeit sind, entgegen allen anderen Zubereitungsmethoden, fest eingeschlossen und kommen weniger abhanden. So bleibt der Eigengeschmack unter Ausschluss von Luft voll erhalten. Die Ge- schmacksverfälschung durch Oxidation ist nahezu ausgeschlossen. Eigentlich wäre der Bezeichnung „unter Vakuum" damit Rechenschaft abgelegt, doch Sous-vide ist mehr als das, denn die einvakuumierten Lebensmittel erfahren eine Garung, bis sie große Gaumenfreude bereiten. Das hat natürlich unmittelbar mit der Zubereitung im Plastikbeutel zu tun, in dem die versiegelten Nahrungsmittel gekocht werden. Das bedeutet, dass für Sous-vide die Arbeitsschritte Vakuumieren und Garen sowie zwei verschiedene Geräte in Anspruch genommen werden. Das eine ist der eben schon erwähnte Vakuumierer, das andere Gerät sollte bewerkstelligen, dass die verschweißten Lebensmittel unter Einfluss gradgenauer Temperaturen gegart werden. Aufgrund der effizienten Übertragung thermischer Energien von Wasser oder Wasserdampf schwimmen die Plastikbeutel dazu in einem Bad, das über Stunden hinweg exakt die gleiche Temperatur hält.

Das funktioniert deswegen so gut, weil die Wärmeleitfähigkeit von Wasser 23 mal größer ist als die von Luft. Diese Kombination eröffnet Genüsse, die mit keinem Herd, mit keinem Backofen und auch mit keinem Grill möglich sind.

Problem und Problemlösung

Das Problem ist allgemein bekannt: Ein relativ dick geschnittenes Stück Fleisch ist nicht so einfach zu braten, dass es von einer geschmacksintensiven Kruste umgeben und im Inneren zart rosa, fast noch roh ist. Es kann leicht passieren, dass nach dem Braten der äußere, der mittlere und der innere Rand von Fleisch und Fisch schon vollkommen übergart ist, wenn das Innere gerade die erwünschte Temperatur erreicht hat. Die gängige Zubereitungsmethode ist daher, das Fleisch scharf anzubraten und dann in den Backofen zu verfrachten, der es von allen Seiten relativ gleichmäßig mit heißer Luft umgibt. Die Kontrolle erfolgt über ein Fleischthermometer, das beherzt bis zum Kern gestochen wird und von dem dann der gewünschte Garmittelpunkt abgelesen werden kann. Die Garabstufungen innerhalb des Fleischstücks bleiben, damit muss man sich wohl oder übel abfinden. Die Kunst des Steakbratens wird deshalb daran festgemacht, die äußeren Hitzeeinwirkungen so zu dosieren, dass es außen nicht schon zu trocken ist, wenn das Innere gerade gart. Berücksichtigt man diesen Umstand, sind die Abstufungen eben unumgänglich und der Mittelweg erscheint am schmackhaftesten. Ein krosses Stück Fleisch, das ganz und gar aus diesem perfekten Kern besteht, erscheint utopisch. Das ist aber durch Sous-vide möglich. Unter der richtigen Anwendung der Technik gibt es nur den einen uneingeschränkt perfekten Garpunkt ganz ohne Abstufungen.

Temperatur und Technik

Die vollständig perfekte Garung wird dadurch erreicht, dass ein zirkulierendes Wasserbad sehr gleichmäßig aufheizt und während der Nutzung nur sehr geringe Temperaturschwankungen von 0,05 °C verbuchen muss. Passende Geräte gibt es in allen Preisklassen. Im Prinzip würde auch ein Topf mit Heizfunktion reichen, wichtig ist nur, dass das Wasser gleichbleibend und exakt eine Temperatur hält. Dabei ist es sinnvoll, das Wasser in Zirkulation zu halten. Ein Thermometer und eine Pumpe aus dem Aquariumbedarf, die das Wasser umwälzt, könnten reichen. Diesem Equipment stehen ganze Türme gegenüber, die Vakuumierer, Dampfgarer und Schockfroster vereinen. Der Dampfgarer ersetzt in diesen Fällen das Wasserbad und der Schockfroster ermöglicht ein blitzschnelles Herunterkühlen von Gegartem, das eingefro-

ren eine Zeit lang gelagert werden kann. Gängig sind aber relativ einfache Standgeräte, die für die Temperaturkontrolle und die nötige Zirkulation sorgen. Der Koch sollte dann nur noch beachten, dass ein gefüllter Beutel vollständig im Wasser untertaucht und nicht zu dicht an anderen liegt. Nur so ist die planmäßige Garung garantiert.

Gewinn und Verlust

Wie eben schon beschrieben ist der Einschluss in den Plastikbeutel ein Mittel, natürliche Aromen und Feuchtigkeit zu bewahren. Das stimmt aber nicht vollkommen, denn auch sicher verpackt verliert Fleisch etwas von seiner Flüssigkeit. Sogar während Bädern über mehrere Stunden hinweg sind das aber weniger als 20 Prozent. Das ist nicht zu verhindern und liegt daran, dass sich die Fasern bei etwa 60 °C zusammenziehen und Feuchtigkeit herauspressen. Dieser Verlust wird aber dadurch ausgeglichen, dass sich das im Fleisch enthaltene Kollagen in Gelatine umwandelt und das Fleisch dadurch sehr zart wird. Die Balance zwischen Austrocknen und Erweichen ist bei dem Sous-vide-Verfahren deutlich besser zu halten, als bei allen anderen Garmethoden. Dabei gibt es zwei unterschiedliche Vorgehensweisen. Die Temperatur des Wasserbads kann entweder auf die gewünschte Kerntemperatur eingestellt werden oder aber darüber. Wird das Wasser deutlich höher erhitzt, steht der Beutel unter ständiger Beobachtung und muss punktgenau entnommen werden. Dieses Verfahren ist dem herkömmlichen Kochen gar nicht so unähnlich. Der entscheidende Unterschied liegt am schützenden, luftleeren Beutel. Entsprechen Wasser- und gewünschte Kerntemperatur aber der gleichen Gradzahl, bietet das entscheidende Vorteile. Das Gargut kann dann auf unbegrenzte Zeit im Wasserbad verweilen, ohne durch Überkochen Schaden zu nehmen. Ein perfektes Ergebnis ist gerade bei der riskanten Zubereitung von Fleisch garantiert. Das ist auch der Grund, weshalb Sous-vide in der Gastronomie so beliebt geworden ist. Das hängt aber auch damit zusammen, dass das Erwärmen unter luftleeren Bedingungen einer Pasteurisierung gleichkommt, die die Haltbarkeit von Lebensmitteln verlängert. Die Beutel können dann bis zu ihrer Verwendung gekühlt oder eingefroren gelagert werden, um dann wieder auf Temperatur gebracht zu werden.

Zum Abschluss auf den Grill

Im Grunde genommen ist Sous-vide ein genau überwachtes und präzises Pochieren. Das bedeutet bei Zutaten wie Eiern, Fisch, Schalentieren oder hautlosem Geflügel, die klassisch in heißem Wasser gar ziehen, eine enorme Entlastung für den Koch. Rind- und Schweinefleisch, das normalerweise nicht pochiert wird, wird am besten nach dem Garen unter Vakuum weiter verarbeitet. Steigen Rind und Schwein aus ihrem Bad, werden sie zumeist kurz angebraten, wobei die Röstaromen das Geschmackserlebnis perfektionieren. Das ist auf die Maillard-Reaktion zurückzuführen, bei der ein sehr komplexer Vorgang zwischen Aminosäuren und reduzierenden Zuckern abläuft. Diesen Abläufen ist der allzu beliebte Geschmack von kross gegrilltem Fleisch zu verdanken. Die Maillard-Reaktion kann entweder verstärkt werden durch die Erhöhung der Temperatur, durch die Zugabe von reduzierten Zuckern oder durch die Erhöhung des pH-Wertes (z. B. durch Backpulver).

Damit wirklich nur die Oberfläche von Sous-vide-gegartem Fleisch von dieser Reaktion betroffen ist und das Fleisch ja nicht nachgart, werden beim nachträglichen Bräunen sehr hohe Temperaturen verwendet. Eine Lötlampe, die fast 2000 °C erreicht, eine heiße Pfanne mit rauchendem Öl oder aber die direkte Hitze eines Grills sorgen für eine schöne Kruste.

Einen weiteren Vorteil hat das Sous-vide-Kochen außerdem und der kann in mancherlei Hinsicht entscheidend sein. Dass kein Eigengeschmack verloren geht, schließt natürlich nicht aus, dass Fleisch, Fisch, Gemüse und so weiter durch die Zugabe von Gewürzen aromatisiert werden können. Durch den beim Vakuumieren entstandenen Unterdruck öffnen sich die Poren im Fleisch und die Würze dringt in die poröse Struktur ein, wie in einen Schwamm. Das Ergebnis von stundenlangem Marinieren unter normalen Umständen ist so in wenigen Momenten zu erzielen. Das spart ungemein viel Zeit, was den Profikoch und auch den Hobbygriller erfreuen dürfte.

Gemüse

Wie bei jeder Garmethode eignen sich auch für das Sous-vide-Verfahren manche Zutaten besser als andere. Es sollte beachtet werden, dass Gemüse höhere Temperaturen benötigt als Fisch und Fleisch. Um Stärke zu lösen und Zellwände zu erweichen ist das Wasserbad für mindestens 30 Minuten auf mindestens 80 °C zu bringen. Das alleine schließt schon aus technischen Gründen aus, Fleisch oder Fisch zusammen mit Gemüse zu vakuumieren und zu garen. Genau wie beim Fleisch kann auch jedem Gemüse nach dem Sous-vide-Garen auf dem Grill ein ordentliches Röstaroma verpasst werden.

Sous-vide-Garzeiten
von Gemüse

Produkt	Garzeit	Kerntemperatur
Fenchel	45 Minuten	85 °C
Karotten, mit Butter vakuumiert	40 Minuten	85 °C
Kohlrabi	60 Minuten	88 °C
Mangold, Stiele	75 Minuten	85 °C
Topinambur	40–60 Minuten	85 °C

Fisch

Auch Fisch und Schalentiere besitzen beste Eigenschaften, um in einem Beutel vakuumiert zu Wasser gelassen zu werden. Ihr natürlicher Eigengeschmack wird dadurch noch einmal unterstrichen. Handelt es sich um einen Fisch mit relativ hohem Fettanteil, eignet er sich besonders dazu. Die Auswahl bei der Kombination Sous-vide und Grill sollte ebenfalls Fische mit relativ hohem Fettgehalt betreffen. Wie in Kapitel 7 über das Grillen von Fisch schon erwähnt, hat fetter Fisch eine festere Struktur und kann sich der eher robusten Behandlung auf dem Grill erwehren.

Wenige Sekunden lang können Fisch und Meeresfrüchte auf dem Grill in direkter und starker Hitze Röstaromen annehmen. Dabei muss einmal mehr auf einen hohen Fettanteil des Fischs geachtet werden. Eine feste Konsistenz ist unabdingbar. Der Fisch zerfällt sonst auf dem Grillrost und kann nur noch in vielen kleinen Stücken genossen werden.

Fleisch

Gerade in den Vorbereitungen zum Grillen kann sich die Sous-vide-Technik lohnen. Marinaden, die sonst über Nacht in das Fleisch einziehen, werden unter Druck in nur wenigen Augenblicken wie ein Schwamm von den Fleischporen aufgenommen. Um den Genuss von butterzartem Fleisch mit schmackhaften Röstaromen perfekt zu machen, können die einzelnen Stücke nach dem Garen im Vakuum sehr kurz und sehr heiß angegrillt werden.

Sous-vide-Garzeiten von Fisch

Produkt	Garzeit	Kerntemperatur
Lachs, 2,5 cm	20 Minuten	45 °C
Forelle, 2 cm	18 Minuten	47 °C
Seezunge, 2 cm	18 Minuten	47 °C
Heilbutt, 2,5 cm	15 Minuten	59 °C
Seeteufel, 3 cm	30 Minuten	50 °C
Pulpo, ganz, kurz vorblanchiert	4 Stunden	85 °C
Jakobsmuschel	30 Minuten	47 °C
Hummer, ganz, in Butter pochiert	15 Minuten	59 °C

Sous-vide-Garzeiten von Geflügel

Produkt	Garzeit	Kerntemperatur
Brust	60 Minuten	64 °C
Schenkel	90 Minuten	65 °C
Entenbrust	2 Stunden	54,4 °C
Entenkeule	8–12 Stunden	80 °C

Sous-vide-Garzeiten von Rind und Schwein (Filet, Entrecôte, Steak, etc. 3–4 cm)

Garstufe	Garzeit	Kernemperatur
blue rare (fast roh)	40 Minuten	49 °C
rare (Kern roh)	40 Minuten	52–60 °C
medium (halb durchgebraten)	40 Minuten	60–65 °C
medium well (fast durchgebraten)	40 Minuten	65,5–68 °C
well done (durchgebraten)	40 Minuten	68–71 °C

Sous-vide-Garzeiten von Wild

Produkt	Garzeit	Kerntemperatur
Lamm, Filet	20 Minuten	55 °C
Lamm, Rücken	30 Minuten	53 °C
Rehfilet	20 Minuten	58 °C
Hirschrücken	25 Minuten	58 °C
Wildschweinrücken	30 Minuten	60 °C

SCHWEINEBAUCH
MIT BROMBEEREN UND LIEBSTÖCKEL

INVERS GEGRILLT

Rezept für 8 Personen
Hinweis: Der Schweinebauch gart 36 Stunden.
Technik und Equipment: Gasgrill • indirekte Hitze (300 °C) • Sous-vide (65 °C)

Schweinebauch: 20 g Salz • Saft von 1 Zitrone • 1 Schweinebauch (ohne Schwarte, 1,5–1,8 kg) • **Gewürze:** 10 g Koriandersamen • 5 g Anissamen • 10 g weiße Pfefferkörner • 15 g Salz • 5 g brauner Rohrzucker • **Getreiderisotto:** 100 g Hafer • 50 g Einkorn • 50 g Weizen • 50 g Roggen • 50 g Butter • 50 g Schalotten • 50 g durchwachsener Speck • 500 ml Geflügelbrühe • 50 ml Schweineblut • 1 TL gehackter Liebstöckel • Salz • frisch gemahlener schwarzer Pfeffer • Lebkuchengewürz • **Fertigstellen:** 2 EL gepuffter Quinoa (Basisrezept, s. S. 253) • 25 ml Brombeeressig • 25 ml Walnussöl • 50 ml Olivenöl • 100 g wilde Brombeeren • 1 TL gehackter Liebstöckel

Schweinebauch: Eine Lake aus 1 l Wasser, Salz und Zitronensaft ansetzen, aufkochen und abkühlen lassen. Den Schweinebauch hineinlegen und 25 Minuten darin marinieren. (Den Bauch unbedingt in die abgekühlte Lake geben, sonst gerinnt das Eiweiß.) Anschließend aus der Lake nehmen, abtropfen lassen und vakuumieren. Dann in einem Sous-vide-Gerät 36 Stunden bei 65 °C garen. Den noch vakuumierten Bauch in Eiswasser legen, um den Garprozess zu beenden. Dann aus der Folie schneiden, die gelierten Fleischsäfte abtupfen und bis zur Verwendung temperieren.

Gewürze: Den Koriandersamen ohne Fett rösten, alle Gewürze grob mörsern und bis zur Verwendung in einem luftdichten Schraubglas lagern.
Getreiderisotto: Die Getreidesorten separat in Salzwasser garen, sie sollten noch leicht Biss haben. Anschließend abgießen und ausdampfen lassen.
Die Butter in einer Pfanne auf dem Seitenkocher vom Gasgrill oder auf dem Herd zerlassen. Die Schalotten und den Speck würfeln und zusammen in der Pfanne anbraten, das Getreide dazugeben und einige Minuten mitschwitzen. Die Geflügelbrühe angießen und weiter köcheln lassen, bis die Schalottenwürfel weich sind. Zum Schluss mit Schweineblut abbinden und mit Liebstöckel, Salz, Lebkuchengewürz und Pfeffer abschmecken und warm halten.
Fertigstellung: Den Gasgrill auf 300 °C vorheizen, den Schweinebauch in eine feuerfeste Form legen und über der ausgeschalteten Grillzone bei geschlossenem Deckel 15–20 Minuten indirekt backen, bis die Schwarte aufpoppt.
Währenddessen das Getreiderisotto vorsichtig warm rühren, den gepufften Quinoa kurz vor dem Anrichten unterrühren. Eine Vinaigrette aus Brombeeressig, Walnussöl sowie Olivenöl anrühren. Den gebackenen Schweinebauch portionieren, auf die Teller geben und mit der Gewürzmischung bestreuen, die Brombeeren anlegen, mit der Vinaigrette beträufeln und mit dem Getreiderisotto sowie gehacktem Liebstöckel garnieren.

240

BEILAGEN

TOMATEN SALAT

Rezept für 8 Personen

2 kg verschiedene Sorten vollreife Tomaten • 1 EL Zitronenconfit (Basisrezept, s. S. 255) • 2 EL Olivenöl (Arbequina) • 300 g Frischkäse • 3 EL Gin (Hendrick's) • 1 TL weißer Balsamico • 1 Bund Basilikum • 1 Bund Schnittlauch • 2 Schälchen Boretschkresse • 1 Schale Brunnenkresse • 2 EL Essigschalotten (Basisrezept, s. S. 252) • gepuffter Quinoa (Basisrezept, s. S. 253, ersatzweise Croûtons) • Salzflocken (Murray River)

Die Tomaten waschen, in mundgerechte Stücke schneiden und in einer Schüssel mit Salz, Zitronenconfit sowie Olivenöl für gut 20 Minuten marinieren. Den Frischkäse mit Gin, 1 Prise Salz und Balsamico abschmecken, glatt rühren und in einen Spritzbeutel füllen.

Basilikumblätter von den Stängeln zupfen, Schnittlauch fein hacken, die Kresseblättchen ebenfalls abzupfen und alles bis zur Weiterverwendung in etwas Eiswasser aufbewahren.

Die Tomaten in ein Sieb geben und abtropfen lassen, anschließend in Schüsseln anrichten und mit Kräutern, Kressen, Frischkäse und Essigschalotten anrichten. Zum Schluss Quinoa-Popps darüber verteilen.

Tipp: Im Sommer ist der Tomatensalat die optimale Begleitung zu einem guten Steak.

KAROTTEN

Basisrezept für 8 Personen
Technik und Equipment: Gasgrill • indirekte Hitze (160 °C) • 2 Bögen Backpapier • Bürotacker

800 g gemischte Karottensorten ähnlicher Größe und Dicke (z. B. Cosmic Purple, Atomic Red, Pfälzer Gelbe) • 3 EL Apfelessig • 4 EL Rapsöl • 2 EL Walnussöl • 2 Thymianzweige nach Geschmack • 2–3 Süßholzstücke nach Geschmack • Salz • frisch gemahlener schwarzer Pfeffer

Karotten gründlich waschen, mit Salz, Pfeffer, den Ölen und Apfelessig marinieren. Auf ein Backpapier legen, nach Geschmack Thymian und Süßholz dazugeben, den zweiten Bogen darüberlegen und beide an den Enden mehrmals gut umklappen und festtackern. Die Päckchen auf ein Rost geben und bei geschlossenem Deckel 35–45 Minuten backen.

Tipp: Die Karotten müssen eine ähnliche Dicke und Länge haben, damit sie auch gleichzeitig gar sind. Passen gut zu den Taschenkrebsen.

PIZZA

Rezept für 8 Personen
Technik und Equipment: Kugelgrill • Holzkohle • indirekte Hitze (Minion-Ringfeuer, 250 °C) • Pizzastein

Teig: 700 g Mehl (Type 00) • 42 g frische Hefe (1 Würfel) • 6 g Salz • 5 EL Olivenöl • **Belag:** 400 g stückige Tomaten aus der Dose, abgetropft • 250 g Büffelmozzarella • 3–4 mittelgroße braune Champignons • 200 g Ibérico-Schinken • 1 Handvoll Rucola • 50 g Parmesan • 1 Handvoll Basilikumblätter

Teig: Aus allen Zutaten mit etwas Wasser einen geschmeidigen Pizzateig zubereiten, das Wasser nach Gefühl dazugeben, dabei anfangs ein wenig zurückhaltend sein. An einem warmen Ort ca. 1 Stunde gehen lassen. Anschließend den Teig durchkneten und kleine Kugeln zu je 50 g abdrehen. Diese zu kleinen, 5 mm dünnen Pizzen ausrollen.

Belag: Die Pizzen mit den Tomatenstücken bestreichen. Den Mozzarella in Scheiben schneiden und die Pizzen großzügig damit belegen, auf den Pizzastein geben und im geschlossenen Grill ca. 10–15 Minuten goldgelb ausbacken.

Währenddessen die Champignons und den Parmesan dünn hobeln. Die Pizzen aus dem Grill holen und sofort mit Champignons, Schinken, Rucola und etwas Parmesan sowie Basilikumblättern belegen. Dann heiß servieren und zügig essen.

BROT

Rezept für 8 Personen
Technik und Equipment: Gasgrill • indirekte Hitze (220 °C) • Pizzastein

340 g Mehl (Type 00) • 21 g frische Hefe (½ Würfel) • 50 g Polenta • 3 g Salz • 80 g eingelegte Paprika, abgetropft • 40 g Chilischoten • 20 g Korinthen • 25 g Salbei

Mehl, zerbröselte Hefe, Polenta und Salz mit Wasser zu einem nicht zu weichen Brotteig vermengen. Das Wasser nach Gefühl dazugeben, dabei anfangs ein wenig zurückhaltend sein. Den Teig ca. 2 Stunden an einem warmen Ort gehen lassen. Paprika, Chili, Korinthen und Salbei hacken, in den Teig einarbeiten, einen Brotlaib daraus formen und erneut 30 Minuten gehen lassen. Den Gasgrill anheizen, dafür jedoch nur die Brenner links und rechts aufdrehen, den Pizzastein auf den Rost legen und sobald dieser aufgeheizt ist, den Brotlaib daraufgeben und ca. 35 Minuten knusprig ausbacken. Passt hervorragend zu gegrilltem Fleisch und Fisch.

BASISREZEPTE

BBQ-PERLZWIEBELN MIT ZIMT, MALZ, DILL

Basisrezept für 1 Glas

Hinweis: Die Perlzwiebeln müssen 4 Wochen ziehen.

Technik und Equipment: Gas- oder Holzkohlegrill • ggf. Holzkohle • direkte Hitze (350 °C) • Plancha-Grillplatte • 1 WECK-Sturzglas (à 750 ml)

250 g Perlzwiebeln • 25 g brauner Zucker • 100 ml Malzessig • 5 g Senfsamen • 5 g Salz • 10 g Zimtstange • 1 Dillzweig

Die Perlzwiebeln schälen, halbieren, mit den Schnittflächen nach unten auf die Grillplatte geben und scharf angrillen, bis sie schön gebräunt sind.

Den braunen Zucker in einer Pfanne karamellisieren, die Zwiebeln, 600 ml Wasser sowie alle anderen Zutaten zugeben. Das Ganze aufkochen und 30 Minuten bei mittlerer Hitze köcheln lassen. In ein WECK-Glas füllen und 4 Wochen ziehen lassen.

BARBECUESAUCE

Basisrezept für 8 Personen

Hinweis: Die Sauce mindestens 24 Stunden ziehen lassen.

1 Gemüsezwiebel • 2 Knoblauchzehen • 1 Apfel (Granny Smith) • 50 g Wagyufett • 2 EL Senfsamen • 2 EL Paprikapulver, edelsüß • 50 ml Malzessig • 50 ml Ketjap manis • 10 ml Austernsauce • 1 EL Liquid Smoke (Flüssigrauch) • 1 kg Ketchup • 1 TL Melange Noir (Pfeffermischung) • 1 EL echtes Kakaopulver (entölt) • 1 Lorbeerblatt • frische Kräuter • aromatisierte Öle (z. B. Orangenöl) nach Geschmack

Die Gemüsezwiebel würfeln, den Knoblauch hacken und den Apfel grob reiben. Das Wagyufett erhitzen, Zwiebeln, Knoblauch, Apfel, Senfsamen und Paprikapulver dazugeben und langsam anschwitzen. Essig, Ketjap manis, Austernsauce und Liquid Smoke dazugeben und einkochen lassen, bis es etwas eindickt.

Ketchup, Pfeffermischung, Kakao und Lorbeerblatt in die eingekochte Flüssigkeit geben, langsam aufkochen und mindestens 24 Stunden ziehen lassen.

Anschließend durch ein Sieb streichen, verbleibende Stückchen pürieren und wieder zugeben. Die Sauce nach Geschmack mit frischen Kräutern oder Ölen verfeinern.

BRIOCHE-BRÖTCHEN

Basisrezept für 25 Brötchen (à 50 g)

Hinweis: Der Teig muss 12 Stunden gehen.

Technik und Equipment: Gas- oder Holzkohlegrill • ggf. Holzkohle • indirekte Hitze (220 °C)

600 g Mehl • 20 g fein gemahlenes Steinsalz • 50 g Zucker • 42 g frische Hefe (1 Würfel) • 6 Eier • 25 g Honig • 240 ml Milch • 300 g weiche Butter • 1 Eigelb

Das Mehl auf die Arbeitsfläche sieben, mit Salz und Zucker mischen, die Hefe darüberbröseln und mit den Eiern, dem Honig und 90 ml Milch vermengen. Die Butter nach und nach einarbeiten und alles zu einem geschmeidigen Teig verkneten. Im Kühlschrank 12 Stunden gehen lassen. Anschließend den Teig zusammenschlagen und 25 Brötchen zu je 50 g abdrehen.

Die Brötchen 30 Minuten an einem warmen Ort gehen lassen und dann mit indirekter Hitze bei 220 °C in ca. 15 Minuten goldgelb backen. Die restliche Milch mit dem Eigelb verquirlen und kurz vor Ende der Backzeit die Brötchen damit einpinseln. Die Brötchen auf einem Gitter auskühlen lassen.

ESSIGSCHALOTTEN

Basisrezept für 2 Gläser

Hinweis: Die Schalotten sollten mindestens 4 Wochen ziehen.

Technik und Equipment: 2 WECK-Sturzgläser (à 750 ml)

1 kg Eierschalotten • 500 ml Himbeeressig • 200 g brauner Rohrzucker • 1 ½ EL schwarzer Sarawakpfeffer • 1 TL Senfsamen • 1 Thymianzweig

Die Schalotten schälen, in ½ cm dicke Ringe schneiden. Essig, 1 l Wasser und Zucker aufkochen.

Die Gläser heiß ausspülen, Pfeffer, Senfsamen und Thymian auf die Gläser verteilen, die Schalottenringe dazugeben, alles mit dem Wasser-Essig-Zucker-Sud übergießen und verschließen. Anschließend im Dampfgarer oder Backofen für 1 Stunde bei 62 °C garen. Vor der Verwendung sollten die Schalotten mindestens 4 Wochen ziehen.

GEPUFFERTER QUINOA

Basisrezept für 8 Personen

Technik und Equipment: Holzkohlegrill • Holzkohle • direkte Hitze (200 °C) • Dutchoven

5 g Quinoa • 5 g Salz • ½ l Traubenkernöl

Den Dutchoven mit 1 l kochendem Salzwasser füllen, Quinoa hineingeben, mit dem Deckel verschließen und direkt in die glühenden Kohlen geben. Auf den Deckel ebenfalls glühende Kohlen geben und in 25 Minuten gar köcheln lassen. Durch ein Sieb geben, ausdämpfen lassen, zurück in den Dutchoven geben und bei 60 °C für 12 Stunden trocknen. Anschließend in 205 °C heißem Traubenkernöl für ca. 30–45 Sekunden ausbacken, dann auf Küchenpapier abtropfen lassen.

GEWÜRZGURKEN

Basisrezept für 5 Gläser

Hinweis: Die Gurken 12 Stunden vorher salzen, insgesamt 4 Wochen ziehen lassen.

Technik und Equipment: 5 große WECK-Gläser (à 850 ml), heiß ausgespült • Rouladennadel

2 kg kleine Gartengurken • 250 g Steinsalz • 1 ½ l Weißweinessig (6 % Säure) • 100 g Fruchtzucker • 100 g kleine Zwiebeln • 50 g Dill • 80 g Senfsamen • 25 g schwarzer Sarawakpfeffer • 10 g Piment

Die Gurken waschen, trocken tupfen und mit einer Rouladennadel anpieken. Anschließend mit dem Salz einreiben und für 12 Stunden marinieren.
Den Essig mit 2 l Wasser aufkochen, den Zucker beigeben, vom Herd nehmen.
Zwiebeln in feine Streifen schneiden. Gewürze und Kräuter auf die Gläser verteilen. Die Gurken grob von Salz befreien und dazugeben, den heißen Essigsud angießen und sofort im Anschluss die Gläser luftdicht verschließen.
Die Gurken vor dem Verzehr mindestens 4 Wochen ziehen lassen.

KÜRBISPÜREE

Basisrezept für 8 Personen

Technik und Equipment: Kugelgrill • Briketts • indirekte Hitze (160 °C)

1 kg küchenfertiger Hokkaidokürbis, mit Schale • 20 g mildes Currypulver • 20 ml Limonenöl • 60 ml Olivenöl • 200 ml frisch gepresster Orangensaft • 150 ml Geflügelfond • etwas Weißweinessig • Salz • Cayennepfeffer

Den Kürbis achteln, rundherum mit Currypulver und Salz einreiben und für rund 10 Minuten marinieren. Anschließend auf dem Grillrost verteilen und 45–50 Minuten bei geschlossenem Deckel garen.
Den noch heißen Kürbis im Mixer mit den beiden Ölen, dem

Orangensaft sowie dem Fond zu einer glatten Creme pürieren und mit Salz, Cayennepfeffer und Weißweinessig abschmecken. Sollte das Püree nicht direkt verzehrt werden, kann es zum Erwärmen aufgekocht werden.

MAYONNAISEN

Basisrezepte für 10 Personen

Misomayonnaise

50 g Eigelb • 50 ml Limettensaft • 25 g brauner Rohrzucker • 50 g Misopaste (Shiro) • 25 ml Wasser • 25 g Ketjap Manis • 500 ml Traubenkernöl

Limettenmayonnaise

50 g Eigelb • 100 g brauner Rohrzucker • 75 ml Limettensaft • 5 g Salz • 1 Msp. Cayennepfeffer • 500 ml Traubenkernöl

Fermentierte Knoblauchmayonnaise

50 g Eigelb • 50 g fermentierter Knoblauch • 25 ml Limettensaft • 50 g Ketjap Manis • 6 g Salz • 500 ml Traubenkernöl

Grüne Pfeffermayonnaise

50 g Eigelb • 5 g Salz • 10 g Zucker • 25 ml Wasser • 40 g glatte Petersilie, gehackt • 20 g grüne Pfefferkörner • 500 ml Traubenkernöl

Alle Zutaten, bis auf das Öl, miteinander verrühren, das Öl dann tröpfchenweise einmixen, bis die Masse cremig wird.

Trüffelmayonnaise

Basisrezept für 10 Personen

100 ml Madaira • 50 g Eigelb • 100 g brauner Rohrzucker • 35 g Limettensaft • 5 g Salz • 1 Msp. gemahlen Cayennepfeffer • 500 ml Traubenkernöl • 1 EL gehackte Trüffel (z. B. australischer Wintertrüffel oder eingekochter Périgordtrüffel)

Den Madeira sirupartig einkochen, mit dem Eigelb, Zucker, Limettensaft, Salz und Pfeffer gut verquirlen, das Öl tröpfchenweise einmixen. Zum Schluss die Trüffel unterrühren.

PILZAUFSTRICH

Basisrezept für 8 Personen

50 g Zwiebelwürfel • 1 EL Olivenöl • 300 g Shiitakepilze • 150 ml Brühe • 50 ml Madeira • 1 TL Misopaste (Shiro) • 1 TL Salz

Zwiebeln mit dem Olivenöl in einer Pfanne goldgelb anbraten und zur Seite stellen. Shiitakepilze putzen und grob schneiden und ebenfalls in Olivenöl anbraten, bis sie Farbe angenommen haben. Zwiebeln, Brühe, Madeira, Miso und Salz hinzugeben. 25 Minuten einköcheln lassen und dabei gelegentlich umrühren. Im Mixer cremig und glatt pürieren, anschließend durch ein Sieb streichen.

PULLED PORK

Basisrezept für 20 Portionen
Hinweis: Das Schwein mindestens 12 Stunden, besser 24 Stunden marinieren. Im Smoker braucht es noch mal 10 Stunden Garzeit.
Technik und Equipment: Wassersmoker (oder jeder andere Smoker) • Briketts • indirekte Hitze (115–120 °C) • 160 g gewässerte Holzchips (Hickory) • ggf. ½ Zwiebel

100 g brauner Rohrzucker • 100 g Salz • 75 g Paprikapulver, edelsüß • 10 g Knoblauchgranulat • 10 g Cayennepfeffer • 10 g gemahlener Kümmel • 5 g Koriandersamen • 5 g Senfsamen • 1 Schweineschulter (Boston Butt, US-Zuschnitt, ca. 7–8 kg) • Apfelessig und Öl nach Geschmack

Zucker, Salz und sämtliche Gewürze für den Rub mit einer Küchenmaschine glatt pulverisieren und das Fleisch großzügig damit einreiben. Damit die Gewürzmischung schön ins Fleisch zieht, sollte man mindestens 12, besser 24 Stunden für das Marinieren einplanen.
Am Tage der Zubereitung den Smoker auf 115–120 °C vorheizen. Bei Nutzung des Wassersmokers diesen mit 2 ½ l warmem Wasser füllen und auf Temperatur bringen. Dann den Boston Butt auf das Rost legen und eine Handvoll eingeweichter Holzchips auf die Glut geben. Optional kann man eine halbe Zwiebel (mit Schale) dazugeben. Die restlichen Holzchips im Abstand von ca. 30 Minuten auf die Glut geben, bis sie aufgebraucht sind.
Hat der Boston Butt eine Temperatur von über 65 °C erreicht, fängt das Eiweiß an zu gerinnen und das Raucharoma kann besser ins Fleisch übergehen. Der Boston Butt ist gar, wenn die Kerntemperatur 95 °C erreicht hat. Das kann 10 Stunden dauern. Zwischen 85–90 °C passiert über einen längeren Zeitraum (Plateauphase) gar nichts. Zum Ruhen nicht in Alufolie wickeln, stattdessen lieber in einen tiefen Gastro-Norm-Behälter mit Deckel legen, ggf. vorher mit Frischhaltefolie einwickeln. Nach 25 Minuten Ruhezeit lassen sich die Fleischstücke problemlos zupfen, ggf. den Kern des Fleisches mit etwas Apfelessig, Öl, Salz und Pfeffer nachwürzen, da dieser manchmal etwas trocken und fad ist.

Tipp: Ein Wassersmoker hält die Temperatur besonders konstant, gibt man zusätzlich Sand ins Wasser, wird der Temperaturabfall zusätzlich gebremst. Andernfalls tut es aber auch jeder andere Smoker bzw. ein einfacher Kugelgrill.
Der Boston Butt verliert während des Smokens rund 20 % Volumen. Was nicht benötigt wird, kann vakuumiert und eingefroren werden

Boston Butt – Schulter/Nacken
Der Boston Butt besteht aus Muskeln, Fett, Sehnen, Bindegewebe und Knochen. Er gehört zu den klassischen Barbecuezuschnitten im Südwesten der USA. Im Gegensatz zum deutschen Schnitt enthält der original US-Boston-Butt auch ein Stück vom Nacken. Es wird im heißen Zustand mit den Händen zerpflückt und nennt sich dann „Pulled Pork".

Der Name Boston Butt stammt von der ursprünglichen Transportmethode: Schweinestücke wurden im Bostoner Hafen in Kisten, den sogenannten „Butts", transportiert. Da die Stücke in ihrer ursprünglichen Größe nicht in die Kisten passten, mussten sie zerkleinert werden. Das ergab dann eher zufällig den Schnitt, unter dem sie jetzt bekannt sind.

RINDERBOUILLON

Basisrezept für 1 Liter
Technik und Equipment: Holzkohlegrill • Holzkohle • Dutchoven • direkte Hitze (200 °C)

2 Gemüsezwiebeln • 100 g Champignons • 500 g Hochrippe (Dry Aged) • 1 TL Salz • 1 Lorbeerblatt • 4 schwarze Pfefferkörner • 100 ml Sherry medium

Die Zwiebeln schälen, in 2 cm dicke Scheiben schneiden, Champignons putzen und grob würfeln. Das Fleisch ebenfalls grob würfeln.
Den Dutchoven auf glühende Kohlen setzen, die Zwiebelscheiben auf dem Boden des Dutchovens verteilen und anschmoren lassen. Dann die Fleischstücke daraufsetzen und 1 TL Salz zugeben. Restliche Zutaten in den Topf geben und diesen mit 4 ½ l Wasser auffüllen. Den Deckel aufsetzen und diesen mit glühenden Kohlen bedecken. Wenn die Kohlen verglüht sind, den Fond durch eine feines Tuch passieren und ggf. mit Salz abschmecken.

SALZTEIG I
Basisrezept für 1 Teig

5 Eiweiß • 2,5 kg grobes Meersalz • 130 g Mehl • 75 g Speisestärke

Das Eiweiß steif schlagen und mit dem Salz vermengen. Dann Mehl und Speisestärke einsieben, alles ein weiteres Mal vermengen und den Teig direkt verarbeiten.

SALZTEIG II
Basisrezept für 1 Teig

250 g Mehl • 125 g fein gemahlenes Steinsalz

Mehl und Salz vermengen, Wasser nach Gefühl nach und nach einarbeiten und alles zu einem Teig verkneten. Der Teig eignet sich nicht zur längeren Lagerung, daher sofort verbrauchen!

SENFSAMEN-VINAIGRETTE

Basisrezept für 1 Glas (350 ml)
Hinweis: Die Senfsamen 24 Stunden ziehen lassen.

50 ml Apfelessig • 25 g brauner Rohrzucker • 8 g Salz • 1 Lorbeerblatt • 25 g Senfsamen

Essig, Zucker, Salz, Lorbeerblatt und 250 ml Wasser aufkochen,
vom Herd nehmen, die Senfsamen dazugeben, in ein kleines
Schraubglas füllen und im Kühlschrank 24 Stunden ziehen lassen.

Tipp: Passt gut zu Pulled Pork.

ZITRONENCONFIT

Basisrezept für 8 Personen

8 unbehandelte Zitronen • 100 g Zucker • 100 ml Sauvignon Blanc
• Mark von 1 Tahiti-Vanilleschote • 5 Koriandersamen • 1 EL Speisestärke

Mit einem Sparschäler möglichst große Stücke von den Zitronen
schälen (ggf. weiße Fasern mit einem scharfen Messer vorsichtig
entfernen) und die Schalen in feine Julienne schneiden. Diese mit
reichlich kaltem Wasser zum Kochen bringen, das Wasser abgießen, mit frischem Wasser auffüllen und erneut zum Kochen bringen. Diesen Vorgang dann noch zweimal wiederholen und die
Zesten zur Seite stellen.
Die Zitronen auspressen und ca. 200 ml für das Rezept verwenden. Den Zucker langsam karamellisieren, bis er hellgelb ist, mit
dem Zitronensaft ablöschen und mit Sauvignon auffüllen. Vanillemark und Koriander dazugeben und den Sud aufkochen. Speisestärke in 50 ml Wasser einrühren und den Fond damit binden. Die
Zitronenzesten hineingeben und kurz mitköcheln lassen.

Tipp: Das Confit passt hervorragend zu gegrilltem Gemüse, Fisch
und Geflügel. Im Kühlschrank hält es sich mehrere Wochen, wenn
man die Oberfläche mit Olivenöl abdichtet.

IMPRESSUM

Autoren: Wolfgang und Stephan Otto, Thomas Ruhl

Rezeptautor: Nils Jorra

Texte: Felix Meyhoeffer, Katrin Roland, Thomas Ruhl

Fotografie: Thomas Ruhl

Art Direction: Petra Gril

Umschlag und Layout: Edition Port Culinaire, Köln

ISBN: 978-3-7716-4546-5

© 2014 Fackelträger Verlag GmbH, Köln
Alle Rechte vorbehalten

Anschriften:
Edition Port Culinaire
Werderstraße 21
D-50672 Köln
Tel. +49 (0)221 / 56 95 94-0
info@port-culinaire.de
www.port-culinaire.de

Otto Gourmet
Gebr. Otto Gourmet GmbH
Boos-Fremery-Straße 62
Industriepark Oberbruch
D-52525 Heinsberg
Tel: +49 (0)24 52 / 97 626-0
info@otto-gourmet.de
www.otto-gourmet.de

Fackelträger Verlag GmbH
Emil-Hoffmann-Straße 1
D-50996 Köln
Tel. +49 (0)2236 / 39 99-0
www.fackeltraeger-verlag.de